Organisationen verstehen und managen

AF166531

Renate Henning • Klaus Henning

Organisationen verstehen und managen

Organisationen sind Lebewesen – Antworten für eine turbulente Welt

Renate Henning
Aachen, Deutschland

Klaus Henning
Aachen, Deutschland

ISBN 978-3-662-70926-9   ISBN 978-3-662-70927-6 (eBook)
https://doi.org/10.1007/978-3-662-70927-6

Die Deutsche Nationalbibliothek verzeichnet diese Publikation in der Deutschen Nationalbibliografie; detaillierte bibliografische Daten sind im Internet über https://portal.dnb.de abrufbar.

© Der/die Herausgeber bzw. der/die Autor(en), exklusiv lizenziert an Springer-Verlag GmbH, DE, ein Teil von Springer Nature 2025

Das Werk einschließlich aller seiner Teile ist urheberrechtlich geschützt. Jede Verwertung, die nicht ausdrücklich vom Urheberrechtsgesetz zugelassen ist, bedarf der vorherigen Zustimmung des Verlags. Das gilt insbesondere für Vervielfältigungen, Bearbeitungen, Übersetzungen, Mikroverfilmungen und die Einspeicherung und Verarbeitung in elektronischen Systemen.
Die Wiedergabe von allgemein beschreibenden Bezeichnungen, Marken, Unternehmensnamen etc. in diesem Werk bedeutet nicht, dass diese frei durch jede Person benutzt werden dürfen. Die Berechtigung zur Benutzung unterliegt, auch ohne gesonderten Hinweis hierzu, den Regeln des Markenrechts. Die Rechte des/der jeweiligen Zeicheninhaber*in sind zu beachten.
Der Verlag, die Autor*innen und die Herausgeber*innen gehen davon aus, dass die Angaben und Informationen in diesem Werk zum Zeitpunkt der Veröffentlichung vollständig und korrekt sind. Weder der Verlag noch die Autor*innen oder die Herausgeber*innen übernehmen, ausdrücklich oder implizit, Gewähr für den Inhalt des Werkes, etwaige Fehler oder Äußerungen. Der Verlag bleibt im Hinblick auf geografische Zuordnungen und Gebietsbezeichnungen in veröffentlichten Karten und Institutionsadressen neutral.

Cover: deblik, berlin

Springer ist ein Imprint der eingetragenen Gesellschaft Springer-Verlag GmbH, DE und ist ein Teil von Springer Nature.
Die Anschrift der Gesellschaft ist: Heidelberger Platz 3, 14197 Berlin, Germany

Wenn Sie dieses Produkt entsorgen, geben Sie das Papier bitte zum Recycling.

Die in den Fußnoten ausgewiesenen Internetquellen wurden im Oktober 2024 abgerufen.

Aus Gründen der besseren Lesbarkeit wird bei Personenbezeichnungen und personenbezogenen Hauptwörtern in unseren Büchern die männliche Form verwendet. Entsprechende Begriffe gelten im Sinne der Gleichbehandlung grundsätzlich für alle Geschlechter. Die verkürzte Sprachform hat nur redaktionelle Gründe und beinhaltet keine Wertung.

Geleitwort 1

In meiner Zeit als Präsidentin der Deutschen Gesellschaft für Psychiatrie und Psychotherapie, Psychosomatik und Nervenheilkunde (DGPPN) habe ich die Beratung mit dem OSTO-Systemansatz kennen und schätzen gelernt. In der komplexen und von vielfältigen Interessen geprägten Struktur der größten deutschen Fachgesellschaft auf diesem Fachgebiet hat dieser Ansatz sehr effizient und tiefgreifend geholfen, die unterschiedlichen Interessenströme zu diagnostizieren und den gemeinsamen Kern besser zu identifizieren, der sich im Auftrag und den Werten der DGPPN niederschlägt.

Die aus der Diagnose gemeinsam abgeleiteten Interventionsschritte und konkreten Maßnahmen haben mir in meiner Rolle als Präsidentin wesentliche Werkzeuge und Hilfestellungen gegeben, die komplexe Organisation zu führen, in Konflikten Wege zu einer Lösung im Kontext der DGPPN zu finden und dabei selbst den inneren Kompass für die Führungsverantwortung zu stärken.

Dabei erwies sich der OSTO-Ansatz des Business Coachings als extrem hilfreich, um die Balance und die Prioritäten zwischen Hauptamt als Leiterin einer großen psychiatrischen Klinik in Berlin und dem Ehrenamt als Präsidentin der DGPPN zu finden. Durch den Ansatz habe ich auch die Prozesse innerhalb der Führungsstrukturen des Alexianer Unternehmensgruppe, dem meine Klinik angehört, besser verstehen und bewerten können und meine eigene Rolle darin besser wahrnehmen können.

Es ist sehr erfreulich, dass Renate und Klaus Henning in dem vorliegenden Buch „Organisationen verstehen und managen" ihre jahrzehntelange Erfahrung in komprimierter und lesbarer Form zusammengefasst haben. Dieser ganzheitliche Ansatz, der die fachlich inhaltlichen Fragestellungen mit der Ebene der persönlichen Haltung und Motivation und den Wechselwirkungen in den damit verbundenen Teamprozessen zusammenbringt, ist deshalb einzigartig, weil sozialpsychologische, ökonomische und technisch-organisatorische Aspekte disziplinübergreifend auf Unternehmensebene integriert und nicht getrennt voneinander betrachtet werden.

Das Buch ist jedem zu empfehlen, der für sein eigenes Arbeits- und Verantwortungsfeld einen solchen Ansatz des Verstehens und Managens braucht, der sich auch in Situationen mit hoher Komplexität und Dynamik bewährt.

Dr. med. Iris Hauth

Ärztliche Direktorin und Geschäftsführerin des Alexianer
St. Joseph-Krankenhauses Berlin-Weißensee, (1998–2023);
Mitglied des Vorstands der Deutsche Gesellschaft für Psychiatrie und
Psychotherapie, Psychosomatik und Nervenheilkunde (DGPPN)
(2004–2022); Präsidentin von (2015–2016); Mitglied des Kuratoriums der
Stiftung der Alexianerbrüder; Vorsitzende Gesundheitsstadt Berlin e.V.

Geleitwort 2

In meiner Verantwortung als Geschäftsführer von Garlock habe ich den OSTO-Ansatz in einer anspruchsvollen Phase auf einem systemischen Training kennengelernt. Dabei hat mich der ganzheitliche Ansatz zum Verständnis einer Organisation fasziniert, der aber immer verbunden ist mit einem tiefen Engagement in die Situation des Einzelnen.

In unserem Unternehmen entwickeln und produzieren wir Dichtungslösungen für sehr viele Branchen und legen dabei Wert auf eine Unternehmensführung, in der die Reflexion über die Art und Weise wie wir arbeiten, einen hohen Stellenwert hat. In Deutschland trainieren wir alle Führungskräfte mit dem OSTO-Systemansatz und können seit vielen Jahren die Früchte davon in der täglichen Führungsverantwortung erleben.

Ich habe über viele Jahre hinweg Renate und Klaus Henning sowie viele ihrer Berufskollegen schätzen gelernt und freue mich sehr, dass Renate und Klaus wesentliche Gedanken zu dem systemischen Ansatz der OSTO-Theorie in einer gut lesbaren und praxisnahen Form zusammenführen.

Sie schreiben es nicht nur, sondern sie leben es auch in ihrer Beratungspraxis in Industrie und öffentlichen Einrichtungen und setzen es auch in vielen Feldern von Non-profit-Organisationen um.

Für den Leser gibt es nach dem Buch 1 zu „Organisationen sind keine Maschinen" in diesem zweiten Buch einen hervorragenden Einblick, wie man Organisationen in ihren vielen Aspekten besser verstehen und managen kann. Es werden dabei aber eben nicht nur sozial-psychologische, sondern ebenso technologische und ökonomische Sichtweisen vereint und ermöglichen einem so ein ganzheitliches Verständnis einer Organisation. Das hilft vor allem, wenn man als Führungskraft vor der Frage steht, an welchen Stellen man in die Organisation eingreift, um Veränderungen zu initiieren ohne das, was gut läuft, zu gefährden und ohne unnötige Komplikationen zu erzeugen.

Die Leser werden viel Freude an der komprimierten und verständlichen Form mit vielen Merksätzen und Beispielen haben.

President Garlock Sealing Technologies   Herbert Nöckel

Vorwort zum zweiten Buch

Wir alle leben in einem Umfeld von Organisationen. Wir nehmen sie als kleine, mittlere und große Ansammlungen von Menschen, Professionen und Ausdrucksweisen wahr. Meistens ist uns bewusst, aus welchem Grund wir genau zur einen oder anderen Organisation gehen und dort den Kontakt suchen. Wir sind es gewöhnt, uns mit den Organisationen zu arrangieren, die wir dringend benötigen – und lassen uns dabei auch auf Unfreundlichkeiten ein.

Ganz anders verhält es sich mit Verantwortlichen und Mitarbeitern einer Organisation: Für Viele ist das Klima in einem Unternehmen ausschlaggebend für ihre Bereitschaft dort als Mitarbeiter einen Beitrag zu leisten. Nach dem Start in einem neuen Unternehmen fragt man sich immer wieder, warum Manches so geregelt ist, wie es geregelt ist – vor allem dann, wenn es umständlich erscheint. Und dann fangen wir an, nach den Ursachen zu fahnden und nennen ganz schnell einige wenige Perspektiven, die uns einfallen, z. B.: *„Der Chef ist schuld – die Prozesse sind falsch aufgestellt …"*

Das kann alles sein – aber wie wollen wir wissen, ob wir die richtige Ursache für die Schwächen oder die Stärken der Organisation gefunden haben, ob wir die richtige Organisationsdiagnose durchgeführt haben? Mit welchen Maßstäben gehen wir an die Beurteilung einer Organisation heran? Gehen wir nur mit unseren eigenen Erfahrungen oder Vorlieben heran, oder haben wir einen anderen Maßstab? Sehen wir die Rück-, Fern- und Nebenwirkungen der einzelnen Zielsetzungen, Bereiche, Akteure und Ereignisse?

Organisationen sind Lebewesen – das ist die zentrale Botschaft und unsere zentrale Erfahrung, die in den drei Büchern vorgestellt wird.

Diese Erfahrungen haben wir in den letzten 40 Jahren mit vielen Seminarteilnehmern, Beratungskunden, Studenten und Vortragszuhörern geteilt.

Viele Artikel und Dissertationen wurden zu verschiedenen Aspekten der OSTO-Systemtheorie verfasst.[1] Das OSTO-Systemmodell dient heute vielen Organisationen aus allen Branchen als Grundlage für eine erfolgreiche systemische Betrachtung und Steuerung eines gelingenden Unternehmens – seien es Konzerne, mittelständische Unternehmen, Verwaltungen, Krankenhäuser oder NGO-Unternehmen.

Die Überlegungen, Organisationen als systemische Einheiten wahrzunehmen und zu behandeln – darüber dachte man schon seit den 30iger-Jahren des vorigen Jahrhunderts nach.[2] Seither haben sich zahlreiche Autoren und Wissenschaftler mit den Zusammenhängen in Organisationen und mit deren Umwelt beschäftigt und daraus ihre Schlüsse und Handlungen abgeleitet.

Die systemische Denkweise betrachtet nämlich ein größeres System in seiner internen Verbundenheit und mit der Umwelt. Sie berücksichtigt die Wechselwirkungen zwischen den verschiedenen Teilen eines Systems und mit der Umwelt. Sie betrachtet die Einzelelemente nicht isoliert, sondern voneinander abhängig. Komplexe Zusammenhänge können auf diese Weise besser verstanden und so ganzheitliche Lösungen gefunden werden.

In den Turbulenzen unserer derzeitigen Welt kann man ein Unternehmen nicht wie eine Maschine behandeln, auch nicht in getrennte „Ab-Teilungen" einteilen, die unabhängig voneinander ihre Arbeit tun. Es bedarf eines flexiblen Umgangs der verschiedenen Professionen und Fachbereiche miteinander – ein Verständnis für die je andere Aufgabe, weil es auf das reibungslose und zugleich schnelle Zusammenspiel ankommt.

Im Buch 1[3] haben wir zu dieser Betrachtungsweise mit dem Begriff „Dynaxity"[4] hingeführt und das OSTO-Systemmodell in seiner Prozesssicht abgeleitet, ohne jedoch die einzelnen Elemente im Detail zu betrachten. Das erste Buch in dieser Reihe mit dem Titel: „Organisationen sind keine Maschinen" macht aufmerksam darauf, dass die Zeiten längst überholt sind, in denen man Menschen in Unternehmen wie Teile einer Maschine behandeln und be-

---

[1] Es sind unter der wissenschaftlichen Betreuung von Klaus Henning seit 1990 mehr als 50 Dissertationen entstanden, die direkt oder indirekt die OSTO-Systemtheorie weiterentwickelt und angewendet haben. Ein großer Teil davon ist auf der Basis der Erfahrungen in (industriellen) Beratungsprojekten entstanden. Eine Liste relevanter Dissertationen befindet sich im Anhang dieses Buches in einem eigenen Literaturverzeichnis.

[2] Einige der Schlüsselpersönlichkeiten waren Kurt Lewin (1938), Nobert Wiener (1948), W. Ross Asby (1956), Humberto Maturana (1970), Niklas Luhmann (1987) David P. Hanna (1988), Heijo Rieckmann (1982), Klaus Henning (1993) und Renate Henning (2015). Einen Überblick zu dieser Entwicklung haben wir in Buch 1, Kap. 6 gegeben.

[3] (Henning und Henning 2024).

[4] Dynaxity verbindet die Worte „Dynamics" und „Complexity" und beschreibt die Situation von Organisationen in den vier Zonen statisch (1), dynamisch (2), turbulent (3) und chaotisch (4).

trachten sollte – so wie Henry Ford es 1910 tat und wie es bis heute sehr häufig immer noch versucht wird.

Im Buch 2 werden wir mit dem OSTO-Systemmodell so etwas wie eine „Systemische Landkarte" anbieten, die Anhaltspunkte gibt für die diagnostische Reise durch eine Unternehmung.

Wir beginnen in Kapitel 1 mit dem *Blick von außen* auf eine Organisation und beschäftigen uns mit der Natur der Grenze eines lebenden Systems und damit auch mit der Frage, wieso die Grenze eines lebenden Systems immer „undicht" ist.

Der Blick von außen gilt aber auch der Identität einer Organisation, die im Wechselspiel zwischen dieser Organisation und ihrer Umwelt wahrnehmbar ist. Welchen zielgerichteten Bezug zu seiner Umwelt braucht ein lebendes System, um zu überleben? Wir haben dazu in Buch 1 bereits den „Existenzgrund" einer Organisation eingeführt, der genau die Beziehung zur Umwelt beschreibt. Dazu gehört die Frage: Wer ist der Kunde, wer braucht die Organisation und wer zahlt für die Ergebnisse, bzw. die Produkte und Dienstleistungen? Aber die Frage nach der Umwelt heißt auch: Macht das eigentlich Sinn, was die betrachtete Organisation tut? Welche Rolle spielen dabei weltanschauliche Haltungen von Schlüsselpersonen oder auch der ganzen Organisation?

In einem zweiten Kapitel betrachten wir die inhaltliche Struktur von verschiedenen *kybernetischen Rückkopplungen* einer lebenden Organisation auf sich selbst und diskutieren deren stabilisierende und destabilisierende Wirkungen.

Mit dem dritten Kapitel richten wir den *Blick in das Innere* einer Organisation und betrachten die wesentlichen *Elemente des Transformationsprozesses* – zunächst vom Input zu den Zielen und Umsetzungsstrategien. Einen breiten Raum nehmen dann die drei Kernprozesse einer Organisation und ihr Zusammenwirken ein: *Aufgaben-Kernprozess, Individueller Kernprozess und Sozialer Kernprozess.* Dabei geht es immer um das Zusammenspiel und die Vernetzung unterschiedlicher Aufgaben- und Verantwortungsbereiche – das erst führt zum Erfolg. Und es geht immer um das synergetische Zusammenspiel von Aufgaben, Einstellungen und Haltungen der beteiligten Menschen und der Verknüpfung und Verbindung von Aufgaben und Menschen im sogenannten Sozialen Kernprozess, also der gemeinsamen Ausrichtung aller Prozesse auf den Existenzgrund einer Organisation.

Wir gehen dann im vierten Kapitel zu einer *Struktursicht im OSTO-Systemmodell* über und entwickeln eine Sichtweise auf die Gestaltungskomponenten einer Organisation. Mit ihnen werden bewusst und unbewusst die Rahmenbedingungen für das Systemverhalten einer Organisation gelegt.

Ein eigenes Kapitel fünf widmen wir dann der Frage: *Wo bleibt im OSTO-Systemmodell die Unternehmenskultur?* Es zeigt sich, dass sich Unternehmenskultur in fast allen Elementen des OSTO Systemmodells spiegelt.

Die beiden folgenden Kapitel sechs und sieben widmen sich der Frage, wie man mit dem OSTO Systemmodell eine *Organisation diagnostizieren und re-designen* kann.

Den Abschluss bildet ein achtes Kapitel zu Frage der *Rolle von Führungs-kräften* in Organisationen mit hoher Dynaxity. Wie gelingt der Umgang mit Unsicherheit? Wie gelingt die Balance zwischen operativem Management und Führen von Innovation? Wie kann ich trotz hoher Turbulenz handeln? Wie kann ich mit Werten führen?

Im Anhang findet sich eine *Liste von Dissertationen,* in denen Aspekte und Umsetzungen des OSTO-Systemansatzes behandelt werden – so wie das in vielen Unternehmen umgesetzt wurde und wird.

Aber: Auch wenn man mit dem OSTO Systemmodell lebt und arbeitet, ist man nicht vor Fehlern gefeit – die passieren überall und immer wieder: Allerdings kann man so besser herausfinden, was die essenziellen Ursachen der Probleme sind und diese dann auch beheben.

Aachen, Deutschland   Renate Henning
Oktober 2024   Klaus Henning

Danksagung

Wir bedanken uns bei allen, die uns auf unserem systemischen Weg mit dem OSTO-Ansatz begleitet haben. Besonderer Dank gilt dem gesamten OSTO-Kernteam. Stephan Ropp hat die Bilder ausgearbeitet. Viele haben durch ihr intensives Feedback zum Gelingen des Buches beigetragen, insbesondere waren es wieder Sophie Gräßler, Teresa Merz und Thomas Bergedieck.

Inhaltsverzeichnis

Abbildungsverzeichnis

1

Der Blick von außen

Wir beginnen in Buch 2 „Organisationen verstehen und managen" mit dem Blick von außen auf eine Organisation und beschäftigen uns mit der Natur der Grenze eines lebenden Systems und damit auch mit der Frage, wieso die Grenze eines lebenden Organisationssystems immer „undicht" ist. Der Blick von außen gilt aber auch der Identität einer Organisation, die im Wechselspiel zwischen einer Organisation und ihrer Umwelt wahrnehmbar ist.

Jedes Organisationssystem braucht einen zielgerichteten Bezug zu seiner Umwelt, um zu überleben: Wir nennen das den Existenzgrund einer Organisation.[1] Aber macht das auch Sinn, was die betrachtete Organisation tut? Und welche Rolle spielen dabei weltanschauliche Bindungen?

1.1 Die Systemgrenze einer lebenden Organisation

Mit dem Thema Systemgrenze beschäftigen wir uns als erstes – ein ungewöhnlicher Einstieg, wenn es sich um Organisationen handelt. Aus welchem Grund ist es so wichtig zu wissen wer, was und in welchem Umfang zu einer Organisation gehört? Wie ist eine solche Systemgrenze beschaffen? Zu einer Organisation gehören z. B. Mitarbeiter, aber ebenso Gebäude und Büroräume. Zur Umwelt gehören Markt, Kunde, etc. Die Systemgrenze kennzeichnet also den Unterschied zwischen einer Organisation und ihrer Umwelt Abb. 1.1.

---

[1] Wir haben diesen Begriff bereits in Buch 1 eingeführt (Henning und Henning 2024).

© Der/die Autor(en), exklusiv lizenziert an Springer-Verlag GmbH, DE, ein Teil von Springer Nature 2025
R. Henning, K. Henning, *Organisationen verstehen und managen*,
https://doi.org/10.1007/978-3-662-70927-6_1

Abb. 1.1 Die Organisation in ihrem Umfeld

Gleichgültig mit welcher Größe eines Unternehmens, einer Verwaltung oder eines Vereins wir es zu tun haben, gleichgültig in welchem Land der Welt wir uns befinden: Mitarbeiter, Verantwortliche und Inhaber von Unternehmen aller Art sagen: „Wir gehören zu Unternehmen XY" oder „Wir sind Mitglieder im Fußballverein XY". Und das oft mit einem gewissen Stolz. Also scheint es hier eine Systemgrenze zu geben, die verdeutlicht, wo man sich zugehörig fühlt. Allerdings sind diese Systemgrenzen durchlässig. Dementsprechend ist die Systemgrenze in Abb. 1.1 gestrichelt gezeichnet.

》Die Systemgrenze eines offenen lebenden Organisationssystems ist immer durchlässig, so dass es möglich ist, von allen Seiten Einflüsse einzulassen und wahrzunehmen.

Die Einflüsse von außen, die auf das System einwirken, können wieder zurückgewiesen werden, weil sie nicht zu den Themen passen, die in und für die Organisation gerade relevant sind. Oder diese Einflüsse können zu wichtigen Themen für die lebende Organisation werden.

Wir nähern uns einer Organisation von außen und beginnen unsere Eindrücke zu sammeln – auch wenn das oft unbewusst geschieht. Stellen wir uns vor, wir haben dieses Unternehmen, diese Verwaltung, dieses Krankenhaus, etc. noch nie gesehen. Dann wäre es gut, wenn wir uns systemisch mit dieser Organisation beschäftigen. Das wollen wir nun entlang des OSTO-Systemmodells tun.

Welche Umwelt umgibt die Systemgrenze des Unternehmens, mit der wir es gerade zu tun haben? Sie manifestiert, dass eine Organisation ein Lebewesen ist und sich ebenso wie dieses von der Umwelt abgrenzt. Das heißt, es gibt in der Umwelt und im Inneren der Organisation Unterschiede zu anderen Organisationen, auch wenn sie z. B. das Gleiche tun, die gleichen Produkte produzieren oder in dem gleichen Markt aktiv sind.

Eine der ersten Eindrücke, die wir von einer Einrichtung haben, ist der räumliche Aufbau und die Umgebung. Das ist das Erste, was uns zum Thema Systemgrenze einfällt – und es ist nicht unwichtig: steht das Gebäude des Unternehmens allein oder ist das Haus umgeben von anderen Büros- oder Produktionsgebäuden? Ist das Gebäude als ein exklusiver Solitär oder verflochten im Verbund mit anderen gebaut? Hat das für die Art und Weise des Firmenaufbaus etwas zu sagen?

Für jedes Organisationsystem aus allen Sparten und Größenordnungen spielen folgende Aspekte eine zentrale Rolle:

* Wer und was gehört dazu und ist damit „im System"?
* Und wer und was gehört nicht dazu und ist damit außerhalb des Systems?

Zu einer Organisation gehören nicht nur die Menschen, die darin beschäftigt sind, sondern auch materielle Güter – Gebäude, Hallen, Produktionsstätten, Schreibtische, Computer, aber auch immaterielle Güter wie Geldvermögen, etc.

Mit der Systemgrenze definiert sich eine Organisation und grenzt sich von ihrer Umwelt ab. Die Umwelt umfasst dabei alles, was außerhalb des Systems ist, also den gesamten Markt, die Kunden und Partner, die Dienstleister für die Organisation und alle Stakeholder, die in Wechselwirkung mit der Organisation stehen.

Solche offenen Systeme kann man auch in der Natur bei der Ansammlung von Pflanzen beobachten, die sich in einem offenen System zusammenschließen und von der Umwelt abgrenzen (Abb. 1.2). Diese Pflanzen wachsen zusammen und siedeln sich an, wodurch sie ein System bilden.

Die Systemgrenze ist bei einem lebenden System immer offen – sie lässt Themen, Materialien, Menschen und vieles mehr in das System hinein. Aber das System filtert über den *Input* alle Einflüsse, die es gerne von der Umwelt hereinlassen will. Der *Input* ist also die Systemeingabe für alle relevanten Dinge, die eine Organisation braucht, um arbeiten zu können und Ausgangsergebnisse, also den *Output* zu erzeugen.

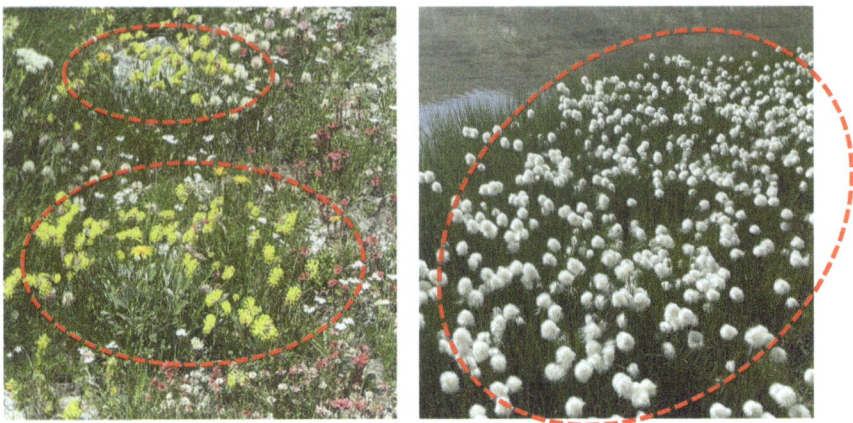

Abb. 1.2   Offene lebende Systeme in der Natur

>> *Alles, was dazu beiträgt aus dem Input einen Output zu erzeugen nennen wir einen Transformationsprozess.²*

An dieser Stelle stellt sich die Frage, welchen besonderen Beitrag die Organisation auf den Markt bringen will, nach dem sie sich gegründet hat. Bei jeder Unternehmung geht es darum, etwas anzubieten und zu produzieren, was es in der jeweiligen Situation noch nicht so oft gibt oder was an den verschiedensten Orten notwendig ist.

Dazu ist es erforderlich, dass sich die Verantwortlichen in einer Organisation die wirtschaftliche Gesamtlage vergegenwärtigen und sich mit ihrem Vorhaben darin einordnen. In der Begeisterung über die eigene Entdeckung eines verkaufbaren Produktes oder einer verkaufbaren Dienstleistung fällt es oft schwer, über den Tellerrand oder die eigene Systemgrenze hinauszuschauen. Dabei würden die Verantwortlichen möglicherweise feststellen, dass es ihre Entdeckung, ihr Produkt oder ihre Dienstleistung so oder so ähnlich schon auf dem Markt gibt.

Innerhalb der Systemgrenze findet Entwicklung, Herstellung, Service, und die finanzielle Abwicklung statt. Mit dem Kontakt zur Umwelt, und damit zu den zukünftigen Kunden durchbricht die Unternehmung die Systemgrenze.

---

² In Buch 1 haben wir die Natur von Transformationsprozessen ausführlich dargestellt. Vgl. (Henning und Strina 2015).

Die Umwelt kann den „Output" – das Produkt oder die Dienstleistung – wahrnehmen und kennenlernen.

Die Auseinandersetzungen mit den vielfältigen Ansprüchen, die die Umwelt an eine Organisation stellt, bleiben bestehen, solange ein Unternehmen am Markt teilnimmt – dabei kann es sich um ganze Organisationen, wie zum Beispiel ein Ministerium oder ein Krankenhaus handeln. Das gleiche gilt aber genauso für einzelne Teile einer Organisation, wie zum Beispiel eine Verwaltungseinheit, eine Abteilung oder einen Geschäftsbereich, also für die „Subsysteme" einer Organisation.[3]

Wie gut sich ein Unternehmen in der Umwelt behaupten kann, hängt von der richtigen Interpretation der Umwelteinflüsse ab. Die Frage, welche politischen und wirtschaftlichen Tendenzen von außen kommen, ob und wie man als Unternehmen darauf reagieren kann und muss, wird von den Menschen in einer Organisation oft unterschiedlich bewertet und hängt von den persönlichen Sichtweisen und Erfahrungen ab.

>> Im OSTO-Systemmodell kommt der Systemgrenze eine bedeutende Rolle zu, weil sie für die Identität einer Organisation wesentlich ist.

Es ist für eine Organisation von großer Bedeutung, die Stimmen in der Umwelt aufzunehmen und darauf zu reagieren. Deshalb ist es besonders bedeutsam, dass sich die Verantwortlichen bewusst mit folgenden Fragen beschäftigen:

* Sind wir mit der Qualität, die wir abliefern, auf dem richtigen Weg?
* Haben wir das richtige Gefühl und das Knowhow, ob die derzeitige und zukünftige Kundschaft unsere Angebote benötigen? (Manchmal geht der Wechsel zu anderen Bedürfnissen der Kunden sehr schnell vonstatten.)
* Können wir unsere Arbeitsergebnisse und die Arbeitsweise verantworten?
* Ist spürbar, auf welcher ethischen Basis das Unternehmen beruht?
* Welche Rolle spielen die Finanzen? Sind diese Fragen dominant oder redet man am besten nicht darüber?
* Wie kann man das Innere einer Organisation diagnostizieren, um die Natur dieses „Lebewesens" besser zu erfassen?

[3] Auf den Begriff des „Subsystems" werden wir in Abschn. 4.1 näher eingehen (vgl. Abb. 4.2 Zusammenhang von Subsystemen und Teilsystemen).

- Wie kann man auf der Basis einer guten Organisationsdiagnose ein Redesign planen und durchführen, das Innovationen ermöglicht und das Bewährte erhält?

1.2   Fünf Ebenen der Umwelt einer Organisation

In Buch 1 hatten wir bereits die fünf Ebenen einer Organisation in ihrer Umwelt dargestellt (Abb. 1.3). Wir wiederholen das hier kurz als Orientierung für die nachfolgenden Abschnitte.

Die *Systemebene* haben wir bereits behandelt – sie beschreibt die Organisation selbst mit ihren Bestandteilen von Menschen, Maschinen, Gebäuden und Einrichtungen. Alles, was nicht im System ist, gehört zur Umwelt und ist „draußen".

Die *Ergebnisebene* umfasst alle Outputs eines Systems, unabhängig davon, ob dies gewollte (wie z. B. fertige Produkte) oder ungewollte Outputs (wie z. B. Qualitätsmängel) sind.

Die *Existenzebene* beschreibt den *„unsichtbaren Vertrag"* mit der Umwelt, der das System mit seiner Umwelt verknüpft. Durch den Leistungsaustausch mit der Umwelt ist ein System erst überlebensfähig. Damit werden wir uns im folgenden Abschnitt ausführlich beschäftigen.

Ob das alles Sinn macht, beschreibt die *Sinnebene*. Welche Werte prägen das System im Wechselspiel mit der Umwelt? Sinn schafft Motivation und ist der Nährboden und die Voraussetzung für Leistung.

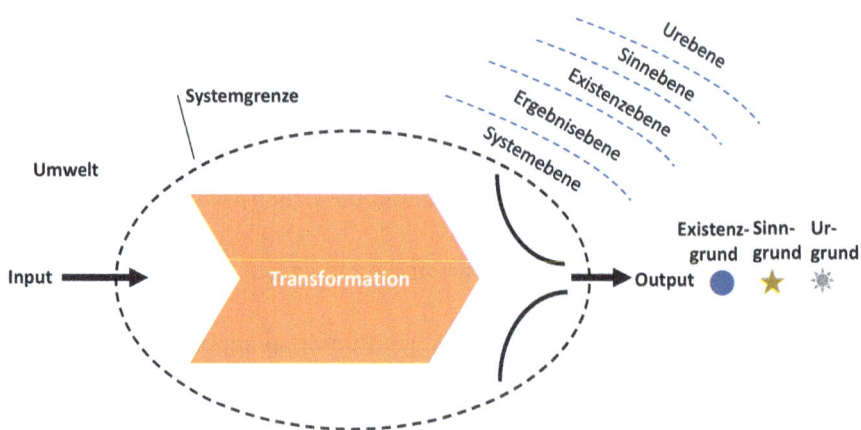

Abb. 1.3   Existenzgrund, Sinngrund und Urgrund einer Organisation

Die *Urebene* fragt nach der Begründung für den Sinn. Was ist meine ultimative Bindung im Leben? Woher komme ich? Wohin gehe ich? Und wie beeinflussen diese Dinge die eigene Organisation?

1.3 Was braucht eine Organisation, um zu überleben? – Der Existenzgrund

Im ersten Buch der Trilogie über Organisationen als Lebewesen haben wir uns mit der wachsenden Komplexität und Dynamik auseinandergesetzt und deutlich gemacht: Organisationen sind keine Maschinen. Organisationen sind lebende Systeme. Diese zugrunde liegenden systemischen Ansätze haben viele Autoren seit dem zweiten Weltkrieg verfolgt.[4] Dabei haben wir eine wesentliche Frage: Benötigen Organisationen ein Ziel? Obwohl es zu dieser Frage in den letzten 75 Jahren in der Wissenschaft und Literatur sehr unterschiedliche Antworten gibt, kommen wir zu der Schlussfolgerung:

>> *Jede Organisation benötigt ein Ziel und einen Grund weshalb sie existiert – einen Existenzgrund. Wenn das für die Organisation und in deren Umwelt nicht geklärt ist, gerät das „Lebewesen Organisation" ins Wanken.*

1.3.1 Existenzgrund als „Vertrag" mit der Umwelt

Jede Unternehmung muss sich fragen, ob und wie viele Konkurrenten es gibt und ob das eigene Produkt oder die eigene Dienstleistung Interesse am Markt finden wird.

Starten wir unser Geschäft in einer Zeit, in der die wirtschaftliche Situation stabil ist, um das Produkt an den Markt zu bringen? Welche Lieferwege und Transportmittel bedarf das neue Produkt?

Wer wird die Kundschaft sein? Welche Ansprüche werden die Kunden haben?

Was sich hier so theoretisch liest, kennen viele Menschen, die in Betrieben aktiv sind. Sie müssen ständig auf der Hut sein vor dem schnellen Wandel der politischen und wirtschaftlichen Situationen.

---

[4] Vgl. (Henning und Henning 2024), Kap. 6, S. 83–114.

Der Wandel in der nationalen und internationalen Konkurrenz kann sich sehr schnell vollziehen: Damit ändern sich möglicherweise die Netzwerke und Organisationen, mit denen man sich verbinden kann.

Somit müssen sich die Verantwortlichen den Fragen der Zukunft stellen: Passen die derzeitigen Produkte und Dienstleistungen zu den Ansprüchen, die zukünftig von den (potenziellen) Kunden gestellt werden? Könnten bei den Überlegungen dazu Gefahrenpunkte übersehen worden sein?

Man kann die Frage nach dem Existenzgrund einer Organisation in einem Satz zusammenfassen, der etwas kompliziert aufgebaut ist, es aber auf den Punkt bringt:

»Der Grund für die Existenz der Organisation (des Systems) ist das Bedürfnis von wem, nach was und in welcher Qualität?

Bedürfnis von wem?

Im ersten Schritt beschreibt man zunächst, wer überhaupt Interesse an den Outputs der Organisation hat. Wer sind potenzielle Kunden? Wer könnte das Geld geben für eine Dienstleistung, die ich erbringen will? Wer investiert in eine Neuentwicklung? Dabei kann es sich z. B. um unterschiedliche „Kundengruppen" handeln. Wenn es sehr viele sind, wird der Existenzgrund sehr weit und anspruchsvoll; wenn es wenige Kunden sind, ist der Markt für die Organisation sehr eng.

Bedürfnis nach was?

Im zweiten Schritt stellt man die Frage nach dem *Was*. Welche Outputs soll die Organisation an die Umwelt liefern? Wozu ist sie in der Lage? Welches Lieferversprechen kann die Organisation den Kunden geben? Passt das zu den Bedürfnissen des Kunden? Oder ist es nur der Wunsch der Menschen im System und die Begeisterung für ein Produkt, das vielleicht doch keiner braucht?

In welcher Qualität?

Als drittes macht es Sinn, einige *Qualitätsmerkmale* zu beschreiben, die die Produkte oder Dienstleistungen besonders kennzeichnen? Wodurch heben sich die Outputs von den Angeboten der Konkurrenz ab? Worin bestehen die Einzigartigkeit und das Besondere der Produkte und Dienstleistungen?

》 Der Existenzgrund ist so etwas wie der „unsichtbare Vertrag" mit der relevanten Umwelt.

Der Existenzgrund für eine Bäckerei könnte zum Beispiel lauten:

„Der Grund für die Existenz der Bäckerei X ist das Bedürfnis von Menschen im Umkreis von 10 km nach Backwaren, und zwar immer ab morgens 06:00 Uhr sieben Tage in der Woche und garantiert frisch".

Hier könnte das Alleinstellungsmerkmal sich auf die Öffnungszeit beziehen, weil vielleicht alle Konkurrenzbäckereien erst später aufmachen und an Feiertagen geschlossen sind. Nehmen wir ein anderes Beispiel: Ein mittelständisches Unternehmen produziert Steuerungen für Beschichtungsanlagen:

„Der Grund für die Existenz des Unternehmens „Beschichtungsanlagen" ist das Bedürfnis von Investitionsgüter-Unternehmen aus der ganzen Welt nach qualitativ hochwertiger Beschichtung von Metallen, die eine hohe Lebensdauer gewährleisten und auf kleine Stückzahlen angepasst werden können."

》 In der Praxis ist das Ringen um den Existenzgrund einer der schwierigsten und zentralen Herausforderungen.

Es mischen sich häufig Wunsch und Wirklichkeit. Oft geht die Begeisterung in einer Organisation für die eigenen Produkte und Dienstleistungen am Kunden vorbei. *„Das ist doch genau das richtige für unsere Zeit." „Ich finde das so toll, es kann doch gar nicht sein, dass das niemand will"* – so könnte ein Gründer argumentieren.

Es kann aber auch sein, dass Kunden gezwungen sind, bestimmte Dinge zu erwerben und dadurch eine arrogante Haltung in der Organisation entsteht:

„Die Kunden sollen sich mal nicht so anstellen – die sind sowieso auf uns angewiesen." *„Dann müssen sie eben warten, bis sie dran sind."* Das kommt zum Beispiel vor, wenn Kunden der öffentlichen Verwaltung oder von Banken Förderanträge beantragen und lange auf die Bearbeitung warten müssen.

Häufig gibt es unterschiedliche Aufgaben und Interessen in einer Organisation. Denken wir an die Produktion eines Autos. Da gibt es die Menschen, die sich um die Qualität der Oberfläche eines Kotflügels bemühen. Sie sind vielleicht verliebt in die glatte Oberfläche und die Farben der Lacke und vergessen darüber völlig die Frage: Was kostet das? Und will der Kunde das bezahlen? Und welche Bedeutung hat die Schönheit des Kotflügels im Kontext des gesamten Autos?

Gehen wir nun einmal davon aus, dass eine Organisation ihren Existenzgrund gefunden hat. Dann stellt sich die Frage: Wie lange hält denn der Existenzgrund?

»Im Idealfall bietet der Existenzgrund eine Perspektive für die nächsten 2–5 Jahre.

Oft ändert er sich nach einiger Zeit. Was können Ursachen dafür sein? Zunächst einmal kann es sein, dass das Produkt oder die Dienstleistung nicht mehr benötigt wird. Dann nützt die beste Qualität nichts – das Produkt ist nicht mehr verkaufbar und das liefernde Unternehmen hat keine Existenzgrundlage mehr. Ob etwas benötigt wird, entscheidet letztendlich der Kunde.

Dazu ein Beispiel: Bei dem „Produkt" Sonntagsgottesdienst einer christlichen Gemeinde sind die Besucher die Kunden des Gottesdienstes. Es kann sein, dass die Besucher entscheiden: *„Das brauche ich nicht mehr."* Oder die Besucher denken: *„In dieser Qualität und Machart ist mir meine Zeit zu schade."* In beiden Fällen ist das Resultat das gleiche: Es gehen also immer weniger Menschen in die Kirche, weil sie als Kunden den Grund für die Existenz dieses Gottesdienstes nicht mehr für notwendig halten.

Die ökonomische Situation ist auch in diesem Fall relevant. Zwar wird der Kunde vielleicht nicht gleich aus der Kirche austreten, aber ein leerer Gottesdienst kostet viel Personal und wird dazu führen, dass unter wirtschaftlichen

Gesichtspunkten der Grund für die Existenz dieses Gottesdienstes langfristig entfällt. Auch wenn er noch so sinnvoll ist. Die Veränderung des Existenzgrundes kann also verursacht sein durch mangelnde Qualität des „Produkts" oder veränderte Bedürfnisse des Kunden. Existenzgründe können unterschiedliche Merkmale haben:

- Enge oder weite Existenzgründe.
- Multiple Existenzgründe, also eine Situation, in der mehrere miteinander in Widerspruch und Spannung stehende Existenzgründe konkurrieren oder sich einander ergänzen.
- Versteckte Existenzgründe, sogenannte Pseudo-Existenzgründe, die nicht offengelegte Interessen von Kunden oder Mitgliedern der Organisation widerspiegeln.
- Wandernde Existenzgründe durch veränderte Bedürfnisse der Umwelt. Solche „Wanderungen" können auch durch Wertewandel und veränderte Sinn-Haltungen ausgelöst werden.

1.3.2 Enger oder weiter Existenzgrund

Die Frage, ob ein Existenzgrund eng oder weit sein soll, verändert den „*unsichtbaren Vertrag*" mit der Umwelt (Abb. 1.4).[5] Die Kreise um den Existenzgrund stellen jeweils eine unterschiedlich große Marktlandschaft dar, die man mit dem Existenzgrund (EG) bedient.

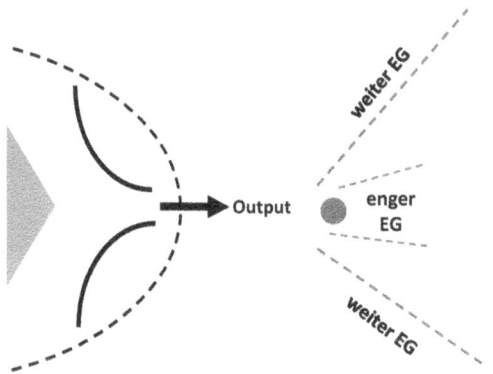

Abb. 1.4 Enger und weiter Existenzgrund

---

[5] Im Folgenden wird für Existenzgrund häufig die Abkürzung EG eingeführt.

Durch einen engen oder weiten EG verändert sich auch die Marktlandschaft, bzw. die Kunden, die man bedient. Bei einem engen EG wird oft nur eine Nische des Marktes erreicht. Bei einem weiten EG wird eher eine breit gefächerte Marktlandschaft angesprochen. Kleinere Unternehmen sind oft auf eine enge Fokussierung des EG angewiesen. Große Unternehmen orientieren sich oft an einem weiten EG, weil sie viele Bereiche ihrer Kunden abdecken können.

Beispiel IT-Betriebssysteme: Ein Unternehmen macht IT-Betriebssysteme für Mobiltelefone einer bestimmten Marke und spezialisiert sich darauf. Eine Erweiterung könnte darin bestehen, Betriebssysteme für Mobiltelefone aller Marken zu liefern. Ein weiterer Schritt könnte sein, Betriebssysteme für Rechner aller Art in allen Größenordnungen zu liefern. Irgendwann wird die „Weite" dann zum Existenzrisiko. Ebenso kann die enge Spezialisierung zum Existenzrisiko werden.

1.3.3 Multiple Existenzgründe

Oft sind in einer Organisation mehrere Existenzgründe enthalten, die einander in der Summe nicht stören, sondern sich sogar sinnvoll ergänzen können (Abb. 1.5).

Beispiel Gerüstbau: In einer Organisation für Gerüstbau entsteht ein „Neben-Existenzgrund": Mitarbeiter haben die Idee, einen Grillofen zu bauen und verschenken diesen Grillofen an einen wichtigen Kunden zu Weihnachten. Dieser Vorgang löst überraschende Nachfrage aus und es entsteht ein zweites Standbein in einem neue Marktsegment. Nach wenigen Jahren hat das Unternehmen einen multiplen Existenzgrund: Gerüstbau und Grillöfen.

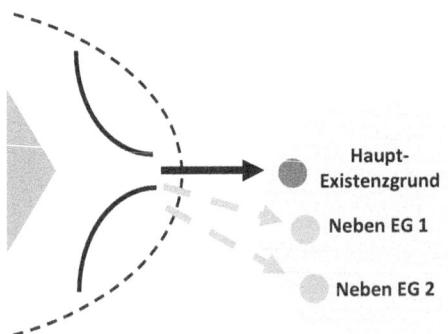

Abb. 1.5 Multipler Existenzgrund

Das kann für das Unternehmen gut sein, weil viele Basisfunktionen und Fähigkeit in beiden Fällen gebraucht werden. Es kann ein Unternehmen aber auch zerreißen und ineffizient machen und die Existenz des Unternehmens gefährden.

Beispiel Privatversicherte: In Deutschland gibt es im Gesundheitswesen gesetzlich Krankenversicherte und Patienten mit Privatversicherung. Die beiden Gruppen werden mit unterschiedlichen Tarifen und Leistungsvereinbarungen behandelt. Der Privatpatient zahlt mehr und bekommt deshalb auch mehr Leistungen. Das Problem ist, dass sich damit in Krankenhäusern und Arztpraxen zwei Wertschöpfungsketten bilden, bei denen Privatpatienten mehr zahlen und die bessere Behandlung bekommen. Betrieblich kann das zu erheblichen Turbulenzen führen in Hinblick auf Ressourcen und Abläufe, aber auch in Hinblick auf Einkommensstrukturen – wer bekommt die Einnahmen von den Privatpatienten?

Auf den ersten Blick erscheint dieses System ineffizient. Allerdings wären viele Krankenhäuser (und Arztpraxen) nicht überlebensfähig, wenn man den Privatpatientenbereich abschaffen würde, da die regulären Vergütungen im Pflichtversichertenbereich zu niedrig sind. Die Überschüsse aus den Einnahmen der Privatpatienten subventionieren also die Bereiche der Pflichtversicherten und schaffen so einen sozialen Ausgleich. Wir haben es also mit einem multiplen Existenzgrund zu tun, der für alle Beteiligten sinnvoll ist.

1.3.4 Versteckte Existenzgründe

Häufig gibt es in einer Organisation versteckte Existenzgründe (Abb. 1.6). Es kann sein, dass es trotz aller inhaltlichen Positionierung nur darum geht, den Wert des Unternehmens zu steigern, um es dann gewinnbringend verkaufen zu können. In diesem Fall besteht der versteckte Existenzgrund ausschließlich aus dem finanziellen Wert des Unternehmens, den es zu steigern gilt, koste es was es wolle. Dabei kann es sein, dass keine Rücksicht auf die inhaltliche Qualität oder auf die Mitarbeiter genommen wird.

Bei einem solchen EG könnte es sich möglicherweise um einen *„wahren EG"* handeln. In diesem Fall gibt also zwei Existenzgründe, einen, der sich mit der inhaltlichen Positionierung befasst und einen, bei dem es um die Optimierung der Finanzen zum Zwecke des Verkaufs geht.

Es kann aber auch sein, dass elementare menschliche Faktoren versteckt eine große Rolle spielen, zum Beispiel das Bedürfnis nach mehr Macht und Ansehen. Oft geschieht das nicht bewusst und spielt sich im „Untergrund" ab. Einen solchen Existenzgrund nennt man *„Pseudo-EG"*.

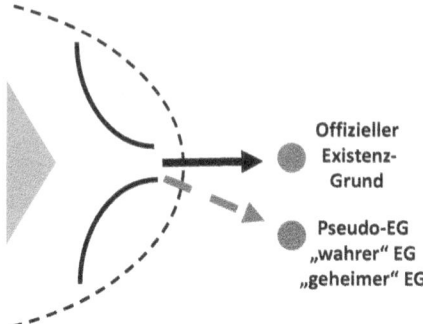

Abb. 1.6 Versteckte Existenzgründe

Es kann sich bei den versteckten Existenzgründen auch um einen vorsätz-lich „*geheimen EG*" halten, bei dem zum Beispiel Abhängigkeit zwischen Menschen durch persönliche Beziehungen oder finanzielle private Abhängig-keiten voneinander existieren und unter der Decke gehalten werden.

1.3.5 Wandernder Existenzgrund

Die häufigste, aber auch gefährlichste Form von Änderungen des Existenz-grundes sind wandernde Existenzgründe (Abb. 1.7). Die Gründe dafür kön-nen sein: Neue Technologien dringen in den Markt ein, wie z. B.

- Systeme mit künstlicher Intelligenz,
- neue Entwicklungen in den Materialien,
- neue Antriebsformen,
- neue Möglichkeiten des Umgangs mit Daten.

Dies alles schlägt sich dann in veränderten Kundenbedürfnissen nieder. Wenn das nicht rechtzeitig erkannt wird, können Unternehmen und Organi-sationen manchmal sehr schnell vom Markt verschwinden.

》 *Durch Umweltveränderungen können wandern-de Existenzgründe die Systemachse der Organisa-tion „drehen". Damit muss der gesamte Transforma-tionsprozess in der Organisation neu ausgerichtet werden.*

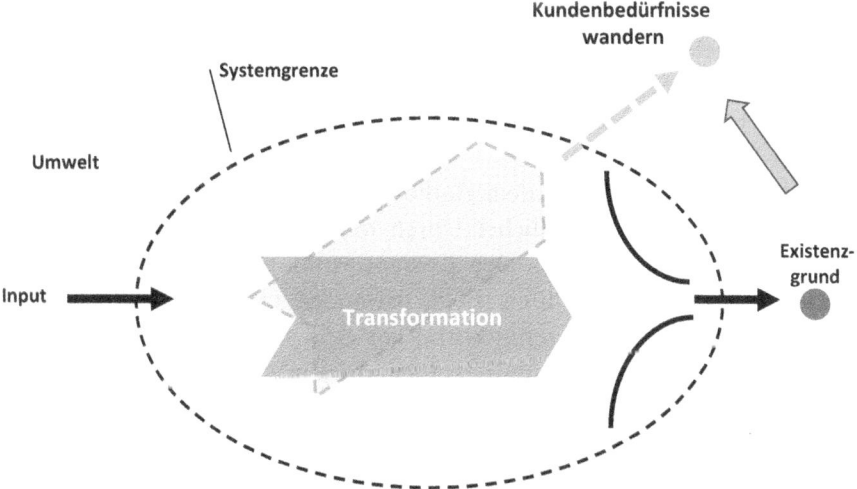

Abb. 1.7 Wandernder Existenzgrund

Die Neuausrichtung von Existenzgründen braucht Zeit. Durch die damit einhergehende Änderung von Produkten, bzw. Fokussierung auf andere Kundenbedürfnisse sind häufig erhebliche Investitionen in Gebäude, Maschinen und Qualifizierung von Mitarbeitern erforderlich.

Das „Drehen" von Existenzgründen kann aber ebenso gut durch veränderte Rahmenbedingungen der Stakeholder oder eine veränderte Regulierung des Marktes durch den Staat ausgelöst sein.

Beispiel Staatssubventionen: Häufig haben sich unter subventionierten Bedingungen Unternehmen etabliert, die fest mit den Subventionen rechnen und unter dieser Bedingung ihren Existenzgrund erfolgreich definieren. Wenn aber dann unerwartet die Subvention entfällt, ist eine Neupositionierung im Markt erforderlich. Diesen Effekt konnte man zum Beispiel in der Solarzellenindustrie beobachten, aber auch in vielen anderen Bereichen.

Beispiel Schreibmaschinen: Der häufigste Fall ist aber, dass ein Produkt oder eine Dienstleistung einfach überflüssig wird. Ein klassisches Beispiel aus der Industriegeschichte war das Aufkommen von elektrisch betriebenen Schreibmaschinen, die die mechanischen Schreibmaschinen ablösten. Wiederum wurden später die elektrischen Schreibmaschinen durch Computer abgelöst. Auf jeden Fall bedeutete das, dass ganze Fabriken überflüssig wurden und tausende von Arbeitnehmern sich eine neue Arbeit suchen mussten.[6]

---

[6] Einen solchen Qualifizierungsprozess hat das Unternehmen Olivetti für hunderte von Mitarbeitern in den Jahren 1975–1977 erfolgreich umgesetzt.

Doch Vorsicht, man muss nicht unbedingt jedem wandernden Existenz-grund komplett nachgehen. Oft enthalten neue Technologien und techni-sche Verfahren eine Modewelle. Alles springt auf das neue Produkt – das alte Produkt scheint keine Zukunft mehr zu haben.

Beispiel Uhrenindustrie: Mit dem Aufkommen der Digitaluhren schien der gesamte Markt herkömmlicher Uhren mit Zeiger und Zifferblatt keine Zukunft mehr zu haben. Der Existenzgrund für mechanische Uhren (EG1) ist zu digitalen Uhren (EG2) gewandert (Abb. 1.8). So schien die klassische Schweizer Uhrenindustrie vor dem Kollaps zu stehen. Einige Unternehmen suchten dann nach einem dritten Weg, weil der Markt nach einiger Zeit wieder Zeiger auf den Uhren haben wollte oder sogar Ziffernblätter. Sogar der gute alte Drehknopf zum Einstellen des Datums war wieder gefragt.

Daraus entstand ein dritter Existenzgrund (EG3) für kombinierte Uhren. Vieles im Inneren solcher Uhren ist nicht mehr ein mechanisches, sondern ein elektronisches Uhrwerk, aber das Äußere ist „Old Style" und verkauft sich seit Jahrzehnten trotz Einführung der Digitaluhren sehr gut. Das Wandern des EG1 war für diese Unternehmen zwar trotzdem gegeben, aber viele der „alten" Unternehmenskompetenzen wurden weiterhin be-nötigt und um die digitalen Komponenten von Uhren ergänzt. Entscheidend ist aber bei solchen Prozessen, ob die Entwicklungen auf der Zeitachse früh

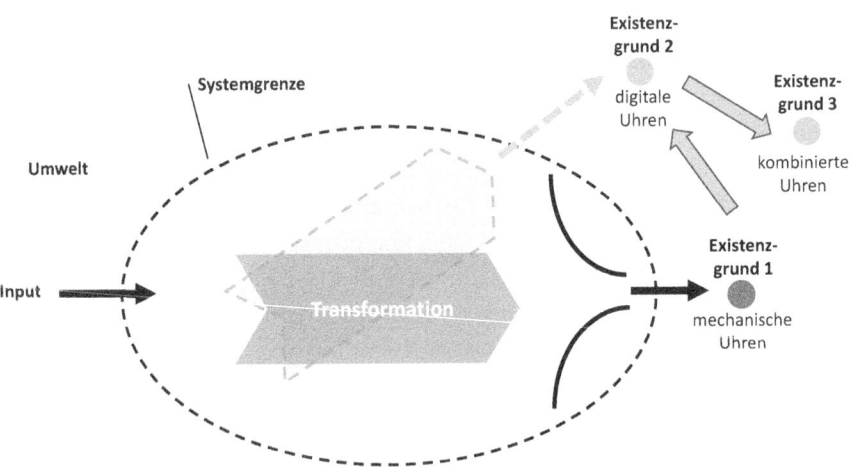

Abb. 1.8 Beispiel Uhrenindustrie -Wandernder Existenzgrund (Henning 1993, S. 166.)

genug erkannt und wahrgenommen werden. Solche „Rückkehreffekte" dauerhafter oder vorübergehender Art gibt es häufig. Man denke nur an die euphorische politisch subventionierte Einführung von E-Autos und die Ernüchterung über das Kaufverhalten der deutschen Kunden, nachdem 2024 ein Großteil der Subventionierungen durch den Staat eingestellt wurde. Dadurch wurden E-Autos für viele Kunden wieder unattraktiv. In jedem Fall stellen solche Veränderungen für die betroffenen Unternehmen eine Krise dar, in der ein langer „Finanz-Atem", also viel Eigenkapital oder Fremdkredite, notwendig werden.

1.3.6 Sinngrund-induziertes Wandern des Existenzgrundes

Der wandernde EG kann auch durch das Wandern des Sinngrundes ausgelöst werden (Abb. 1.9). Oft sind gesellschaftliche Sinngrundänderungen Ursachen für einen veränderten Existenzgrund. So zeichnet sich zum Beispiel seit vielen Jahren in Fragen der Nachhaltigkeit ein Wandel der Sinn- und Werteinstellungen in der Gesellschaft ab. Für Unternehmen und Organisationen ist das Heimtückische an solchen Entwicklungen, dass man mit veränderten Werten erst mal kein Geld verdienen kann. Oft dauert es Jahre bis sich geeignete Existenzgründe bilden, die die Grundlage für die Überlebensfähigkeit einer Organisation gewährleisten.

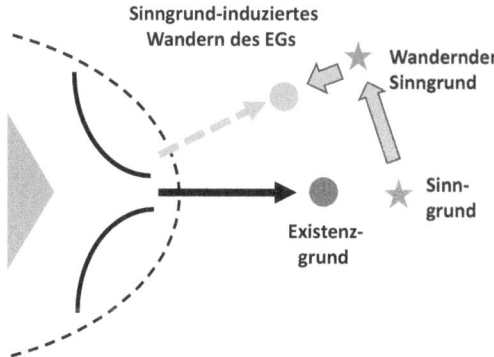

Abb. 1.9 Sinngrund-induziertes Wandern des Existenzgrundes

Beispiel E-Autos: Die Einführung von E-Autos ist sicherlich sinngrund-getrieben. Mit politischem Druck und Einsicht in die notwendige Energiewende wird diese in einigen Teilen der Erde vorangetrieben. Unter diesem Einfluss hat das Automobilunternehmen Volvo sehr früh den totalen Ausstieg aus den Verbrennern zu einem Teil des Existenzgrundes gemacht und sich dadurch mit einem sinngrundgetriebenen Existenzgrund im Markt positioniert. Die Stimmung in den Weltmärkten drehte sich ein Stück zurück, so dass Volvo sich im Jahr 2024 gezwungen sah, die Verbrennungsmotoren wieder in den Existenzgrund einzuschließen.[7] Der Sinngrund bleibt in diesem Fall davon unberührt. Der Markt hat sich ein Stück weit „zurückgedreht". Es würde die Existenz des Unternehmens gefährden, wenn es ab 2030 nur noch E-Autos anbieten würde.

» *Es ist wichtig, dass eine Organisation den Wandel von Sinn-Einstellungen und den Wandel von Werten genau beobachtet und erkennt, in welchem Zeithorizont sich daraus eine Änderung des Existenzgrundes ergeben könnte.*

Reagiert ein Unternehmen zu früh auf eine neue gesellschaftliche Strömung des Sinngrundes mit einem neuen Existenzgrund, kostet es nur Geld. Es bleiben dann „symbolische" Aktivitäten, die auch ihren Sinn haben, aber sich nur auf der Kostenseite einer Organisation niederschlagen und nicht in den Einnahmen. Besonders gefährlich ist es dann, wenn sich Unternehmen auf Märkte einlassen, die politisch subventioniert werden, weil dadurch der Staat als relevanter Kunde auftritt.

Beispiel Landwirtschaft: Seit Jahrzehnten wird die europäische Landwirtschaft von der Europäischen Union subventioniert. Dadurch können die landwirtschaftlichen Betriebe ihren Existenzgrund darauf ausrichten. Oft genug werden aber (gut gemeinte und sinnvolle) Subventionen von heute auf morgen gestrichen und der damit verbundene Existenzgrund bricht zusammen.

---

[7] Vgl. https://www.derstandard.de/story/3000000235231/volvo-macht-verbrenner-ausstieg-rueckgaengig.

1.3.7 Fazit zum Existenzgrund

》*Der Existenzgrund einer Organisation ist die notwendige Voraussetzung für den Erfolg und das
Überleben einer Organisation.*

Je klarer dies für die Leitung einer Organisation ist, je klarer sich das im
Führungsverhalten niederschlägt und je klarer alle Energien einer Organisation auf ihren Existenzgrund ausgerichtet sind, desto erfolgreicher wird sie
sein. Dabei ist die Lebensdauer eines Existenzgrundes begrenzt. Er sollte eine
Mindestperspektive von zwei Jahren haben und hält ohne Anpassung oft
nicht länger als fünf Jahre.

》*Mit den vielfältigen Varianten von Existenzgründen müssen sich die Leiter und Manager einer Organisation ständig beschäftigen. Es ist eine ihrer
Hauptaufgaben.*

Oft findet man in Unternehmen Formulierungen von Mission und Vision.
Diese beiden Begriffe sind nicht eins zu eins dem Existenzgrund und Sinngrund zuzuordnen. Oft ist in der Mission die Stärke des eigenen Systems beschrieben und nicht die zugehörige Zielgruppe der Kunden. Es gibt aber auch
„Mission Statements“, die den Bedingungen des hier definierten Existenzgrundes entsprechen. Oft sind Mission Statements aber schwammig und
nicht konkret genug, um den „unsichtbaren Vertrag“ zwischen System und
Umwelt so auf den Punkt zu bringen.

Noch ein Wort zur Verwendung der Formulierung des Existenzgrundes. Es
hat sich gezeigt, dass die Ausformulierungen vor allem für die eigene Organisation und ihre Mitarbeiter wichtig sind und von allen getragen, verstanden
und gelebt werden. Im Außenverhältnis zu der Umwelt, den Kunden und den
Stakeholdern ist es oft notwendig, die Formulierungen im Sinne von Werbe-
wirksamkeit anzupassen.

1.4   Macht das alles Sinn? – Der Sinngrund

Mit dem Existenzgrund könnte man sich zufriedengeben, denn das Wichtigste für jede Organisation ist es, dass die Führungskräfte sich auf einen gemeinsamen Existenzgrund einigen können. Denn der Existenzgrund richtet sich nach dem Markt – und den gilt es zu erreichen.

Es macht trotzdem Sinn, über den Sinn eines Unternehmens und in einem Unternehmen zu reden – über Vorgänge, die nicht so offensichtlich sind, also eher über die Kultur und über leise Töne in Unternehmen nachzudenken.

Die OSTO-Systemtheorie schließt den Sinngrund in die erforderliche Ziel- und Antriebsebene für Organisationen ein. Warum ist das so?

1.4.1 Sinngrund als Antriebsebene für eine Organisation

Die Situation der weltweiten politischen und wirtschaftlichen Entwicklungen verändern sich in rasantem Tempo, wodurch sich ständig Machtmonopole verändern. Nach 75 Jahren Frieden in Europa gibt es seit dem Jahr 2022 wieder Krieg und auch der Nahe Osten lässt die Waffen nicht ruhen. Die politischen Lager zwischen demokratischen und autoritären Bewegungen werden in allen Ländern stärker. Die Angst vor den Veränderungen, in denen wir stehen, wirft Fragen auf.

» *Welchen Einfluss hat die weltweite Entwicklung auf die Organisationen? Macht denn das, was wir arbeiten, was wir herstellen, beraten, begleiten und organisieren noch Sinn? Ist die Art und Weise unserer Arbeitsstruktur und -kultur noch sinnvoll? Müssten wir nicht längst darüber nachgedacht haben?*

Lässt unser Unternehmen menschliche – also psychosoziale Elemente – gelten und beachtet die Motivation der Mitarbeiter und Manager? Die Angst vor der Technisierung hat seit dem Bau der Eisenbahn im 19. Jahrhundert immer wieder in den Köpfen der Menschen Unruhe ausgelöst – jetzt erleben wir das erneut, geschürt durch die Angst, dass die künstliche Intelligenz Arbeitsplätze überflüssig macht.[8]

Und dann stellen sich in allen Unternehmen die Frage:

- Haben die Mitarbeiter und Verantwortlichen den Eindruck, dass die Produkte, Projekte und Ideen des Unternehmens Sinn machen?
- Wie intensiv muss über die angemessene und für die Mitarbeiter sinnvolle Arbeitsorganisation nachgedacht werden?
- Sind die Teamkonstellationen so zusammengestellt, dass sie produktiv *und sinnvoll* sind?
- Und noch eine ganz entscheidende – ungewöhnliche Frage: Sind bei dem Blick über die Zahlenentwicklung emotionale Gedanken über die Sinnhaftigkeit der Produkte, Projekte, Management-Methoden, etc. zugelassen?

1.4.2 Sinngrund – eine unternehmerische Notwendigkeit

Organisationen leben von der Energie, die Menschen in ihre Arbeit, ihre Ideen und Entwicklungskraft stecken. Wir stecken nur dann auf Dauer Energie in unsere Tätigkeiten, wenn wir sie für sinnvoll halten. Heijo Rieckmann hat in diesem Zusammenhang den Begriff *„Sinnergie"* geprägt.[9] Er ist der Ansicht, dass eine Tätigkeit, die Sinn macht, in uns Energie hervorruft.

» Sinn führt zu Motivation – daraus entsteht Leistung und Dynaxibility[10]

Eine Tätigkeit wird zur „sinnvollen Motivation", mit der wir gerne arbeiten, wenn die Tätigkeit und der Zusammenhang, in dem sie getan wird, Sinn macht. Arbeit und Arbeitsumgebungen können frustrieren, wenn wir sie als sinn-leer empfinden und es viele sachliche und emotionale Hindernisse gibt.

Wir wissen alle, wie wichtig die bewusst gestalteten Rahmenbedingungen für Arbeitsweise und Arbeitsklima der Mitarbeiter eines Unternehmens sind.

---

[8] Vgl. (Henning 2019).
[9] (Rieckmann 1997), S. 65; (Henning und Harendt 1992); S. 17–39.
[10] Vgl. (Henning und Henning 2024), Kap. 3, S. 37–56.

Diese Rahmenbedingungen können positiv oder negativ motivieren. Hier einige Beispiele:

* Wenn ich in einem entspannten Arbeitsklima leben und arbeiten kann, erlebe ich das als ermutigend und sinnvoll. Wenn das nicht der Fall ist, entstehen „Wahrnehmungsmauern",[11] die oft durch Angst geprägt sind.
* Wenn ich kreativ sein darf, entwickle ich Ideen und kann zum Wohl der eigenen Organisation innovativ handeln. Wenn ich nicht kreativ sein darf, muss ich meine Ideen auf die Seite schieben und verdrängen, weil es ja doch keinen Sinn macht. Das nennt man dann Verdrängungsverschleiß.
* Sinnstiftend ist es, wenn ich durch meine Arbeit andere ansporne und das auch darf. Sinnentleert wird es, wenn einer hinter dem Rücken des anderen negativ redet und zum „Nestbeschmutzer" wird.
* Es ist schließlich sinnstiftend, wenn meine Eigeninitiative zu einem besseren Betriebsergebnis führt, von dem ich dann persönlich etwas abbekomme. Ausgesprochen Sinn-tötend ist es, wenn meine Leistung unter immer höheren Kontrolldruck kommt und das ohne Wertschätzung und Anerkennung.
* Wenn in einer Organisation die Menschen in der Arbeit keine Freude erleben, die Ihnen Energie gibt, kommt es früher oder später zur inneren (emotionalen) Kündigung, oder – wenn der Arbeitende sich das leisten kann – zur realen Kündigung.
* Wenn ich nicht mehr andere überraschen darf, entsteht zunehmend ein Klima der Hilflosigkeit: Das macht doch alles keinen Sinn. Es bleibt doch sowieso alles beim Alten.

1.4.3 Führungsverantwortung Sinngrund

Bei der Reflektion über die Sinnhaftigkeit, über Motivation und Frustration in einem Unternehmen sind die Unternehmer und Manager gefragt – nicht nur die Personalabteilung, die Abteilungs- und Gruppenleiter.

» *Manager sind verantwortlich für den Sinn des Unternehmens und die Sinnhaftigkeit der Vorgänge im Unternehmen.*

---

[11] Den Begriff der Wahrnehmungsmauer haben wir bereits in Buch 1 eingeführt, (Henning und Henning 2024), S. 60. Näheres siehe Abschn. 3.8.

In kleinen und jungen Unternehmen finden wir häufig noch ein aus-
geprägtes Verständnis für die Arbeitskultur. In einem überschaubaren Verantwortungsbereich lässt sich eher darüber nachdenken, wie die Arbeit und der
Umgang der Mitarbeiter gestaltet wird: Es wird deutlich, dass eine sinnvolle
Arbeitsweise ein Energiespender und eine sinnleere Arbeitsweise ein echter
Energiefresser ist. Dabei spielt der Umgang miteinander – der sogenannte Soziale Kernprozess – eine große Rolle.

In großen Organisationen ist es sehr viel schwieriger, eine sinnvolle Arbeitsweise durchzuhalten und es erfordert ständiges Wahrnehmen und Nach-
bessern. Dort spielt es eine große Rolle, ob sich neben den Unternehmern
auch die Manager verantwortlich wissen für den Sinn im Unternehmen und
eines Unternehmens.

In vielen Unternehmen finden sich gute Möglichkeiten Fragen des Sinns
des Unternehmens zu gestalten. Dafür gibt es einige Leitfragen:

* Wie schätzen wir den Sinn des Produktes ein? Ist es für gewünschte Kunden
  ein sinnvoller Beitrag im Leben oder nicht direkt notwendig, also nur
  „nice to have"?
* Welche Organisationsform oder Produktionsweise passt zu dem Produkt/
  den Produkten, die angeboten werden? Handelt es sich eher um eine
  tayloristische Organisation[12] mit festen Abläufen und Kontrolleinheiten?
  Oder können wir die Arbeit von den Arbeitsgruppen selbstständig durchführen lassen?
* Müssen Fehler der Vergangenheit aufgearbeitet werden? Werden ver-
  gangene Fehler einfach verschwiegen und macht man einfach weiter, als ob
  nichts gewesen wäre? Oder wird bewusst versucht, die Vergangenheit auf-
  zuarbeiten und sensibel zu beobachten, wie die Organisation reagiert?
* Wie geht die Organisation mit Angstthemen um, seien es die der Mitarbeiter
  oder die der Führungskräfte?
* An welchen Stellen in der Organisation hat schon die innere Kündigung
  eingesetzt und herrscht „Dienst nach Vorschrift" vor. In diesem Fall sollte
  man sich ganz dringend um die Firmenkultur kümmern.

Die Liste der möglichen Verantwortungs- und Sinn-Themen in Unternehmen kann noch lange weitergeführt werden. Wichtig ist aber, dass diese Themen immer angesprochen werden und dabei über die Sinnhaftigkeit der Abläufe, des Produktes und der Unternehmenskultur nachgedacht wird.

---

[12] (Taylor 1919).

1.4.4 Sinnfragen auf der Rekursionsebene „Ich"

Nachdem wir die Sinnfrage auf der Ebene des Unternehmens besprochen haben, wollen wir uns der Rekursionsebene „Ich" zuwenden:

» Was ist für mich wichtig? Was macht für mich Sinn?

Man kann nur sinnvoll verantwortlich arbeiten, wenn man einen eigenen Zugang zur Sinnfrage hat. In unseren Lebensphasen gibt es unterschiedliche Antworten auf diese Frage – je nach Einstellung, Alter und Situation. An welche Sinnphasen kann ich mich erinnern? War mein Empfinden für Sinn eher gekoppelt mit persönlich-privaten Ereignissen? Oder bezog sich das Thema Sinn mehr auf Leistung, etwas erreicht zu haben?

In der Arbeitsumgebung können sich dann folgende Sinnfragen ergeben: Wozu trage ich mit meiner Aufgabe bei? Dabei werden wir feststellen, dass wir das oft gar nicht so genau wissen, weil wir eingebunden in einen Arbeitsprozess sind, der notwendig ist, aber nicht unbedingt als sinnvoll erlebt wird.

- Man denke z. B. an IT-Ingenieure, die sich in einem großen Unternehmen mit IT-Sicherheit beschäftigen und tagaus – tagein nach Störungen im eigenen Netz suchen, um sie abzufangen. Das ist eine sehr sinnvolle Tätigkeit – aber erfüllt sie auch auf persönlicher Ebene?
- Machen sich die Einzelnen die Bedeutung ihrer Aufgabe bewusst und sind stolz darauf?
- Welche persönliche Verantwortung habe ich als Führungskraft?

In Seminaren bieten wir hin und wieder Gespräche darüber an, wie jeder von uns persönlich mit seiner Verantwortung umgeht – für wen machen wir unsere Arbeit? Wir stellen oft fest, dass sich viele Teilnehmer damit beschäftigt haben, aber sich häufig schwertun, den großen Zusammenhang ihrer Aufgabe zu erkennen.

Gleichzeitig möchten wir hier die Frage aufwerfen, ob es überhaupt Sinn macht, dass sich jeder selbst verwirklicht. Diese Frage zu stellen, ist in unserer Zeit ein bisschen merkwürdig, denn wir sind mehr oder weniger mit unserer Selbstverwirklichung beschäftigt. Eine Frage könnte auch sein: Macht es Sinn, sich mit den Schwierigkeiten anderer Kollegen im Arbeitsbereich zu beschäftigen, seien sie in fachlicher oder menschlicher Hinsicht?

1.4.5 Sinnphasen im Leben

Man kann über die verschiedenen Sinnphasen des Lebens nachdenken und reflektieren. Jede Phase eines Lebens macht Sinn. Hier beziehen wir uns auf den Übergang ins Berufsleben und betrachten die damit verbundene Sinnfindung in dieser Lebensphase.[13]

Eine erste Berufsphase erfolgreicher Führungskräfte könnte man überschreiben: *„Auf zum Erfolg – das wird schon klappen!"* Fast unausweichlich ist eine solche Phase, wenn Absolventen eines akademischen Studiums gleich in das internationale Geschäft einsteigen, rund um den Globus aktiv sind und im neuen flexiblen Kapitalismus sich als der flexible Mensch „par excellence" erweisen.[14] Sie haben frühe Erfolge oft schon gegen Ende der 20-er Jahre. Solche Führungskräfte wollen schon in der ersten Lebenshälfte auf den ersten Gipfeln als Abteilungsleiter, Schulleiter, Landtagsabgeordneter, erfolgreicher Unternehmer oder Selbstständiger landen.

Doch die Niederlagen bleiben oft nicht aus. Die für den Menschen übliche Lebensmitte-Krise ist bei Führungskräften manchmal gekoppelt mit der Trennung vom Ehepartner oder dem Konkurs des Unternehmens, dem Nichterreichen der nächsten Beförderungsstufe, etc. Irgendetwas Wesentliches ist einfach nicht nach Plan und Wunsch verlaufen. Da man diese ersten Niederlagen nicht planen kann, treten die Lebensmitte-Krisen bei Führungskräften oft überraschend und auf Grund des Erfolgsdrucks häufig schon im Alter von weniger als 40 Jahren auf. Nicht selten sind Führungskräfte in den 40-iger Jahren bereits am Höhepunkt ihrer Macht und ihres Einflusses angekommen. Zunehmend gibt es auch weniger klassische Karrierewege, wie z. B. „horizontale" Veränderungen, weil der Weg nach „oben" nicht mehr geht.

Die folgende Lebensphase führt dann früher oder später zu einer tieferliegenden Suche nach der eigenen Identität.

》Wer bin ich wirklich? Was habe ich von meinen bisherigen Erfolgen? War das jetzt alles?

Bei dieser Identitätssuche lassen sich zwei Linien erkennen. Die eine Linie ist, sich weiter primär auf die wachsende Bedeutung in der Organisation zu

---

[13] Die angedeuteten Altersangaben sind mit äußerster Vorsicht zu genießen und entsprechend zu interpretieren. Sie sollen einen Anhaltspunkt geben und erheben keinerlei Anspruch auf empirische Gültigkeit.
[14] Vgl. (Sennet 1998).

konzentrieren. Wir haben viele Führungskräfte erlebt, deren Entscheidungen von dem Kampf gegen den eigenen Untergang geprägt waren. Immer mehr musste investiert und getan werden, damit die Stellung im Unternehmen noch besser wird oder mindestens so bleibt wie sie ist. Nicht selten initiieren Manager dann Projekte, die im Sinn des Überlebens des Unternehmens nicht unbedingt notwendig sind, die aber sicherstellen, dass man im Unternehmen möglichst lange an sie denkt.

Die andere Linie ist ein tieferes Bekenntnis zum eigenen Ich, die Entwicklung hin zu einem Orientierungspol für andere bis hin zum erfolgreichen Älterwerden im Sinn des Lösens vom eigenen Ich und des Übergangs zu einem weisen Menschen. Die Vision und Perspektive für Führungskräfte ist es also, eine „Botschaft" für die Menschen zu werden, für die man Verantwortung trägt. Primär geht es dabei darum, den Menschen in der eigenen Organisation ein guter Begleiter und Berater zu sein und auf diesem Weg ein weiser Mensch zu werden, der nicht auf eigene Denkmäler angewiesen ist. Doch was kann man tun, damit die Chancen größer werden, sich in diese Richtung zu entwickeln? Eine Chance stellt die sogenannte Erfolgswende dar:

Eine Führungsaufgabe ist darauf angelegt, Organisationen zu führen und für den Existenzgrund von Organisationen einzustehen. Ich muss als junge Führungskraft also beweisen, dass ich in der Lage bin, dem Existenzgrund einer Organisation zu dienen – sonst habe ich keinen Erfolg. Dieser Erfolg muss sein – und das ist natürlich mit Verantwortung verbunden. Es geht immer auch darum, dass ich mir selbst beweisen muss, was ich kann und was in mir steckt.

Es kommt aber nach einigen Jahren der Zeitpunkt, an dem man sich genügend bewiesen hat, was in einem steckt und was man kann. Man hat es plötzlich nicht mehr nötig sich selbst zu beweisen, was man alles hinbekommt. Das ist die Chance zur „Erfolgswende": Die starke Orientierung auf den Existenzgrund meiner Organisation und die starke Orientierung auf meinen eigenen Existenzgrund wird abgelöst durch eine immer stärkere Orientierung auf Sinngrundfragen.

》 *Erfolgswende heißt: Ich habe es nicht mehr nötig, mir selbst zu beweisen, was ich kann und wie gut ich bin.*

Damit rückt die Dimension der Verantwortung stärker in den Mittelpunkt: Sinn muss sein, damit ich mir selbst und meiner Stellung im Leben gerecht werde. Es geht mehr darum, Orientierung für Andere zu bieten und die „Botschaft" der eigenen Person an Andere weiterzutragen. In diesem Sinn wird Verantwortungsübernahme zwingend – Erfolg darf dabei sein, er muss aber nicht sein. Natürlich stellt sich nach der Erfolgswende die Frage, wie lange eine Führungskraft eine Führungskraft bleibt:

Beispiel 88-jährige Führungskraft: Bei einem Essen mit aktiven und ehemaligen Verantwortungsträgern zahlreicher Unternehmen lernten wir eine solche 88-jährige Führungskraft kennen. Die Frau dieses markant aussehenden Mannes war bereits vor 15 Jahren gestorben. Er selbst lebte seit zehn Jahren in einem Altersheim. Wir fragten ihn, womit er sich beschäftige. Seine Antwort überraschte uns: *„Ich bin zurzeit mit der Zertifizierung des Altenheims nach den DIN 9001 beschäftigt und führe entsprechende Qualifizierungen für die Leiterin des Altenheims durch. Außerdem erstelle ich für die Leitung des Altenheims die zugehörigen Handbücher zum Qualitätsmanagement."*

Es ist also offensichtlich: Betrachtet man die Lebensphasen von Führungskräften und fragt was kommt nach dem Erfolg? Danach kommt Verantwortung, auch mit achtundachtzig.

1.5 Wie ist der Sinn begründet? – Der Urgrund

Der Erfinder des OSTO-Systemmodells Heijo Rieckmann hat einen recht nüchternen Text zum Thema Urgrund geschrieben[15]:

„Vollständigkeitshalber sei noch die Dimension des „Urgrundes" erwähnt (Henning). Damit soll angedeutet werden, dass der Sinngrund (SG) selbst wiederum von etwas hinter ihm Liegenden bestimmt wird. Es sind dies die Basis -oder Metawerte, die Lebens- und Weltanschauungen, die Menschen- und Gottesbilder, die ihrerseits den Überzeugungs- und Glaubensrahmen abgeben, innerhalb dessen dann die Sinnfragen ihre konkretere Gestalt gewinnen."

In unserer globalen Welt wird immer deutlicher, dass es sehr unterschiedliche Glaubens- und Weltanschauungsaspekte gibt, die ihren Einfluss auf die Denk- und Arbeitsweise von Unternehmen haben.

---

[15] (Rieckmann 1997), S. 57.

Leitfragen zum Umgang mit dem Urgrund können sein:

- Was motiviert mich, auch über meine eigene Kraft hinaus, Verantwortung zu übernehmen?
- Was oder wer gibt mir Kraft, wenn ich Fehler gemacht habe?
- Wo gibt es eine tiefere Verankerung meiner Person?
- Wozu mache ich alles, was ich mache?
- Gibt es Werte, an denen ich meine Verantwortung ausrichten kann?
- Wofür ist mein Leben da?

2

Die kybernetischen Rückkopplungen in lebenden Systemen

In einem zweiten Kapitel wollen wir die inhaltliche Struktur von fünf verschiedenen kybernetischen Rückkopplungen einer Organisation auf sich selbst betrachten und die stabilisierenden und destabilisierenden Effekte diskutieren. Die fünf Rückkopplungen umfassen

- *die Qualität der erzeugten Produkte und Dienstleistungen,*
- *die Verarbeitung von Änderungen des Existenzgrundes einer Organisation,*
- *der Einfluss von Werten, Prinzipien und Normen auf eine Organisation,*
- *den Einfluss weltanschaulicher Bindungen auf eine Organisation, und schließlich*
- *die Rolle des Selbstbestätigungsfeedback, das dafür sorgt, dass alles beim Alten bleibt.*

2.1 Rückkopplungen sind Teil eines lebenden Organisationssystems

Wie wir in Buch 1 bereits ausführlich dargestellt haben, sind Rückkopplungen Teil jedes lebenden Organisationssystems. Sie können als kybernetische Systeme betrachtet werden, in denen ein Transformationsprozess von Inputs zu Outputs stattfindet. Die Outputs sind dabei in mehreren Dimensionen mit dem Input rückgekoppelt.[1]

---

[1] Vgl. (Henning und Henning 2024), Kap. 5, S. 69–82. Und: (Vester 1984).

© Der/die Autor(en), exklusiv lizenziert an Springer-Verlag GmbH, DE, ein Teil von Springer Nature 2025
R. Henning, K. Henning, *Organisationen verstehen und managen*,
https://doi.org/10.1007/978-3-662-70927-6_2

2.1.1 Wirkung und Funktion von Rückkopplungen

In den folgenden Abschnitten werden wir die Wirkung und Funktion der verschiedenen Rückkopplungen näher betrachten (Abb. 2.1). Für jede der Systemebenen gibt es eine Rückkopplung auf die Organisation, die jeweils aktiv gestaltet werden sollte.

Auf der *Ergebnisebene* ist dies die *Qualitätsrückführung*, mit der die Outputs des Systems bewertet werden. Wir verwenden dabei synonym die Begriffe Qualitätsrückkopplung und Qualitätsrückführungen. Entsprechendes gilt für die anderen Rückführungen, bzw. Rückkopplungen.

Auf der *Existenzebene* ist dies die *Erneuerungsrückführung*, in der die Beobachtung von möglichen Veränderungen des Existenzgrundes im Mittelpunkt stehen, aber auch alle „Bewegungen" im Markt und bei den relevanten Stakeholdern.

Auf der *Sinnebene* ist es die *Verantwortungsrückführung*, die sich mit den Werten, Prinzipien und Normen der Umwelt und mit der Frage beschäftigt, ob der Sinngrund der eigenen Organisation noch passt.

Auf der *Urebene* geht es um Fragen von *Erkenntnis* über die Begründung von Sinnzusammenhängen. Sinn ist häufig durch religiöse Haltungen begründet, die die eigene Organisation beeinflussen sollen bzw. dürfen oder eben gerade nicht.

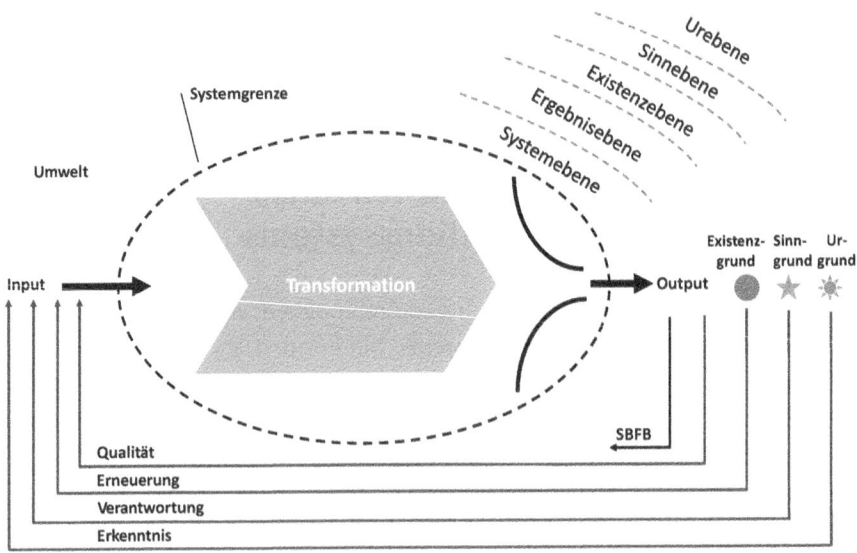

Abb. 2.1 Die Rückführungen eines Organisationssystems

Und dann gibt es noch das *Selbstbestätigungsfeedback (SBFB),* das immer davon ausgeht, dass die eigene Organisation die Beste ist und man nichts ändern muss.

Jede der Rückführungen stellt ein eigenes System dar, das einerseits außerhalb der Organisation liegt, weil es sich mit Vorgängen beschäftigt, die die Organisation umgeben. Andererseits ist die Art und Weise, wie die Rückkopplung erfolgt, Teil der Organisation. Das Managen der Rückkopplungen ist dabei eine wichtige Aufgabe der Führungskräfte in jeder Organisation.

2.1.2 Die krummen Wege von Rückführungen

In Abb. 2.1 entsteht der Eindruck, dass die Rückführungen wohlgeordnet alle zum Input der Organisation wandern und dort verarbeitet werden. Allerdings sieht die Realität oft anders aus (Abb. 2.2).

» *Die Natur komplexer Systeme ist sehr vielfältig und die Feedbacks nehmen oft „krumme" Wege.*

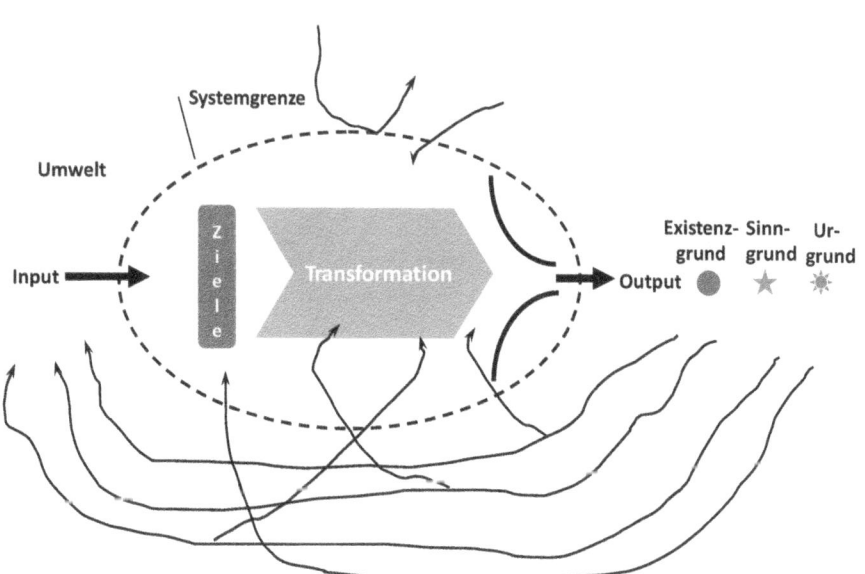

Abb. 2.2 Die krummen Wege in komplexen lebenden Systemen (Henning 1993, S. 168)

Wie bereits behandelt, ist ein lebendes System nach allen Seiten notwendigerweise offen und Einflüsse von allen Seiten können in eine Organisation eindringen. Ebenso verlassen eine Organisation oft Informationen und Stimmungen auf „Nebenwegen". Oder es bilden sich versteckte Rückkopplungen mit der Umwelt, z. B. zwischen einem Gewerkschaftsmitglied einer Organisation und dem örtlichen Gewerkschaftsverband.

Die Rückführungen in Bezug auf Qualität und Erneuerung gehen oft „geordnete" Wege und erfordern geplante Prozesse, während Sinngrund- und Urgrund-Einflüsse an vielen Stellen des Systems vorkommen.

2.1.3 Beobachten der Umwelt mit den Rückführungen bei wachsender Dynaxity

Bei der Beobachtung der Umwelt mit den Rückführungen gelten die Dynaxity-Prinzipien, die schon in Buch 1 ausführlich dargelegt wurden.[2] Dynaxity beschreibt die gleichzeitige Wirkung von Komplexität und Dynamik und lässt sich vier Dynaxity-Zonen zuordnen: (1) statisch, (2) dynamisch, (3) turbulent, (4) chaotisch. Je höher die Dynaxity ist, desto mehr muss mein Beobachtungssystem proaktiv auf feine Signale der Umwelt achten (Abb. 2.3).

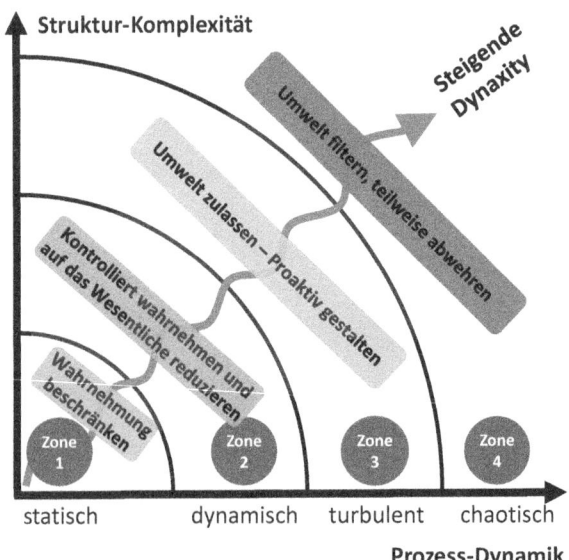

Abb. 2.3 Beobachtungsstrategie bei wachsender Dynaxity (Vgl. Ashby 1956)

---

[2] Vgl. (Henning und Henning 2024), Kap. 2, S. 13–36.

In Zone 1 kann man sich es leisten, die Wahrnehmungen aus der Umwelt zu beschränken.

In Zone 2 ist es legitim, die Umwelt kontrolliert wahrzunehmen und auf das Wesentliche zu reduzieren. Dabei arbeitet man mit Filterprozessen und entscheidet jeweils, welche Feedbacks relevant sind und welche nicht. Sowohl in Zone 1 als auch in Zone 2 spielt dabei die Messung mit Kennzahlen eine große Rolle und kann mit Erfolg eingesetzt werden.

In Zone 3 gilt es, auch Umweltwahrnehmungen zuzulassen, die irrelevant erscheinen und darauf proaktiv zu reagieren: *„Unter der Annahme, dass das und das passiert, was machen wir denn dann?"* Das ist unbequem und immer wieder fallen Organisationen dabei in die Verhaltensmuster der Zone 2 zurück, nach dem Motto: *„Dann nehmen wir eben ein Kennzahlensystem, damit wir etwas Festes in der Hand haben."*

In Zone 4 ist es dann unter den chaotischen Umwelteinflüssen wieder notwendig, zum Schutz der eigenen Organisation Filter und ggf. auch Informationssperren aufzubauen, damit sich das Chaos nicht unmittelbar in die eigene Organisation überträgt.

2.2 Die Qualität der Ergebnisse

Betrachten wir nun die erste Rückführungsebene etwas genauer: die Qualität der Outputs. Dabei geht es um die Qualität der erzeugten Outputs sowohl in Hinblick auf ihre Produkt- und Dienstleistungsqualität als auch auf den monetären Nutzen bzw. Schaden der Produkte und Dienstleistungen für die eigenen Organisation (Outcome) (Abb. 2.4).

2.2.1 Was ist Qualität?

Bei dem Begriff Qualität denken wir normalerweise an Kennwerte, Normen, Sicherheitsstandards, Maßgenauigkeit und Dokumentationen. Das ist aber aus systemischer Sicht nur ein Teil einer Qualitätsrückführung – noch dazu ein Teil, der zunehmend automatisiert erbracht werden kann. In einem lebenden System besteht die Qualitätsrückführung aus mehreren Dimensionen:

• Sie umfasst die *klassischen Methoden* der Qualitätssicherung und Qualitätsmessung, die intern erfolgen.
• Sie umfasst aber ebenso die *Kundenzufriedenheit* mit dem Produkt, und das nicht nur in „formaler" Hinsicht, sondern auch in Hinblick auf Stimmungen und Tendenzen der Akzeptanz des Produkts oder der Dienstleistung.

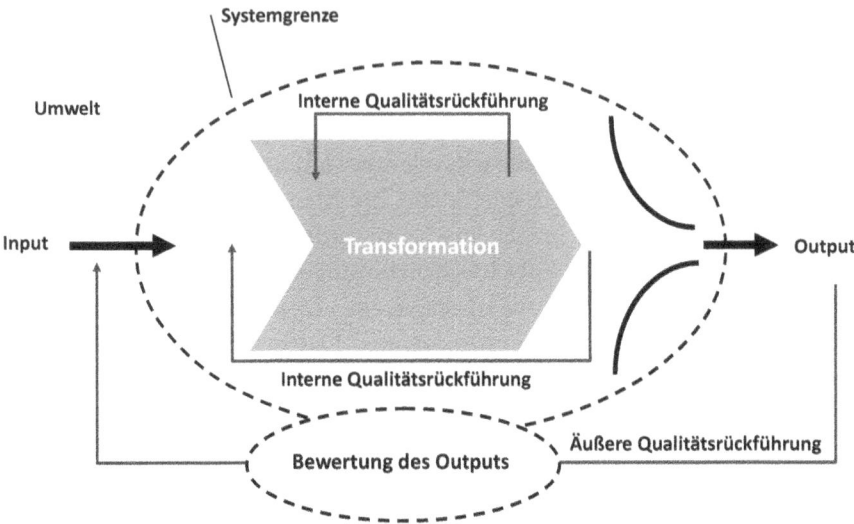

Abb. 2.4 Äußere und innere Qualitätsrückführungen

- Dazu gehört die *Qualitätsbewertung gegenüber der Konkurrenz.* Wann besteht die Gefahr, dass ein Kunde zur Konkurrenz wechselt, und was sind die Gründe dafür?
- Dazu gehört ein *Rückmeldesystem* zur Verbesserung der Produkt- und Dienstleistungsqualität. Dieses heikle Thema wird oft „weggefiltert", weil es einer Organisation viel Arbeit macht und ggf. auch viel Geld und interne Ressourcen kosten kann.
- Die Qualitätsrückführung muss auch den *wirtschaftlichen Wert* des Outputs also den *„Outcome"* der Organisation quantitativ und qualitativ bewerten und „rückmelden". Dazu gehört das Finanzcontrolling, das zum Beispiel das ausgelieferte Produkt in seiner Relation zwischen erzielten Preisen im Markt und den Kosten bewertet. Wenn zum Beispiel die Löhne stark steigen und die Preise nachgezogen werden, kann es schnell passieren, dass der Umsatz sinkt und Kunden zu anderen Anbietern gehen, falls sie dazu die Wahlmöglichkeit haben.
- Eine der wichtigsten Aufgaben der Qualitätsrückführung ist darüber hinaus, kontinuierlich zu prüfen: *Trifft der Output den Existenzgrund?*

Wenn das proaktive Gestalten der Qualitätsrückführung professionell gemacht wird, gelingt es über die Qualitätsrückführung auf Kundenwünsche zu reagieren, die die Kunden noch gar nicht artikuliert haben und man kann sich schon auf den möglicherweise entstehenden Bedarf vorbereiten.

Beispiel Turbolader: Wenn beispielsweise ein sogenannter „Third-Tier-Supplier"[3] Kleinteile für Turbolader für Verbrennungsmotoren liefert, erscheint das ein sicheres Geschäft zu sein, da es weltweit dafür nur sehr wenige Hersteller gibt. Trotzdem ist der Preisdruck sehr hoch und die Investitionskosten für neue Teile sind enorm. Wenn dann Qualitätsprobleme beim Hersteller auftauchen, ist die Reaktion der Kunden sehr sensibel. Die sorgfältige Beobachtung des Kundenverhaltens über die Qualititätsrückführung liefert dann Frühwarnsignale über mögliche Verhaltensänderungen beim Kunden.

Beispiel E-Bike: Ein Kunde kauft ein E-Bike und entscheidet sich für eine komfortable Nabenschaltung. Wenn der Anbieter aber weiß, dass der Kunde sein Tourenfahrrad mit ins Gebirge nehmen will, könnte der Anbieter antizipieren, dass dem Kunden die Untersetzung der Nabenschaltung nicht ausreicht. Und der Anbieter könnte dem Kunden direkt eine bessere Nabenschaltung anbieten, die normalerweise nach dem Kauf nicht mehr abgestimmt mit der Elektronik verbaut werden kann. Man versucht also die zukünftigen Bedürfnisse des Kunden angemessen vorwegzunehmen. Das wäre dann proaktive Gestaltung des Verkaufs eines E-Bikes.

2.2.2 Qualitätsrückführungen innerhalb des Systems

Natürlich haben beim Thema Qualität die Rückführungen *innerhalb des Systems* eine große Bedeutung (vgl. Abb. 2.4). Entlang der gesamten Transformation von Inputs zu Outputs muss es vielfältige Feedback Prozesse zur Qualität geben. Man kann diese Prozesse mit dem OSTO-Systemansatz dadurch behandeln, indem man sich klarmacht, dass zum Beispiel jede Abteilung in einem Unternehmen wiederum ein eigenes Subsystem[4] innerhalb der Organisation ist, für die der Ansatz entsprechend angewendet werden kann.

2.2.3 Qualitätsrückführung zu unerwünschten Outputs

Jede Organisation produziert darüber hinaus *unerwünschte Outputs.* Dies kann absichtlich, versehentlich oder unbewusst stattfinden. Über die verschiedenen Qualitätsrückführungen gelangen solche Effekte in den Trans

---

[3] https://www.huengsberg.com/edi-blog/edi/was-ist-ein-tier-supplier-teilelieferant-lieferantenpyramide.html.

[4] Auf den Begriff des „Subsystems" werden wir in Abschn. 4.1 näher eingehen (vgl. Abb. 4.2 Zusammenhang von Subsystemen und Teilsystemen).

formationsprozess einer Organisation und es kann dann (hoffentlich) eine Änderung der unerwünschten Outputs herbeigeführt werden.

Solche unerwünschten Outputs können zum Beispiel über Gespräche von Mitarbeitern eines Unternehmens in die Umwelt gelangen. Das muss nicht immer gleich ein Bruch der Vertraulichkeit gegenüber dem Unternehmen sein – das kann auch einfach der Output „totale Erschöpfung" sein. Wenn das jetzt bei einer größeren Anzahl von Mitarbeitern auftritt, sollte das über die Qualitätsrückführung im Unternehmen „wahrgenommen" werden, denn auch das kann – meist mit Verzögerung – Auswirkungen auf Produktqualität, Liefertreue haben oder sogar bei Dritten zum Wechsel des Anbieters von Leistungen führen, nach dem Motto: *„Wenn die mit ihren Leuten so umgehen, dann kaufe ich da nichts mehr".*

2.3   Wie geschieht Erneuerung und Innovation?

Auf einer nächsten Ebene geht es um die Erneuerungsrückführung, in der alle Änderungen der Existenzgrundlage einer Organisation verarbeitet werden. Bei der Erneuerungsrückführung geht es um mögliche Veränderungen des Existenzgrundes (EG) und der relevanten Umwelt (Abb. 2.5). Wie aber soll das vor sich gehen?

Die Beobachtung der Veränderungen der Umwelt des relevanten Marktes ist existenznotwendig und wird oft vernachlässigt. Dabei kann man übertrieben sensibel vorgehen oder die Veränderungen in der Umwelt weitgehend

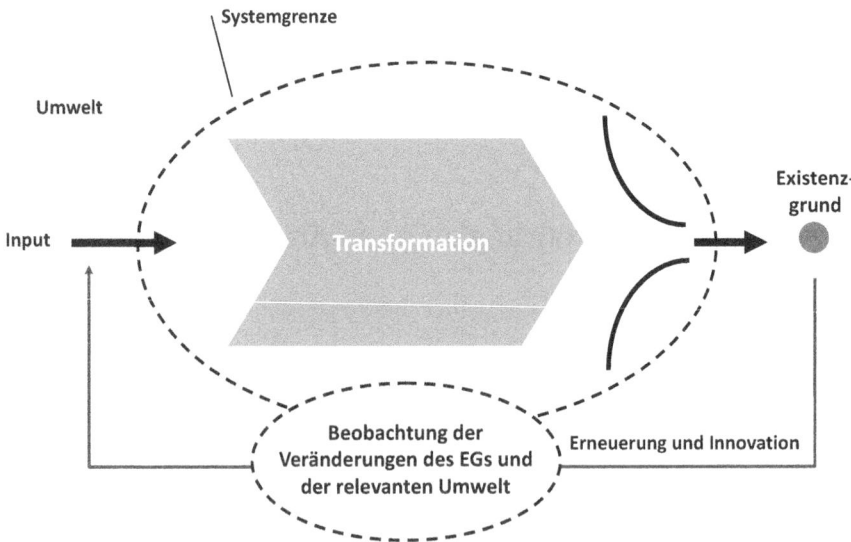

Abb. 2.5 Rückführung für Erneuerung und Innovation

ignorieren, nach dem Motto: *„Es wird schon nicht so schlimm kommen. "* Werden die Veränderung des Existenzgrundes zu spät wahrgenommen oder falsch interpretiert, kann dies dazu führen, dass es keinen Existenzgrund für die Organisation mehr gibt.

Für die Gestaltung der Erneuerungsrückführung geht es um drei Aspekte:

* *Aufdecken von versteckten Existenzgründen* (Neben-EG's, wahre EG's, Pseudo EG's, etc.). Gibt es neben dem offiziellen EG vielleicht noch andere EG's, die nicht ausgesprochen sind, aber an den Outputs erkennbar sind?
* Der Blick nach vorne: Welche Veränderungen kommen aus der *Umwelt und dem relevanten Markt* auf das System zu? (Wandernde EG's, notwendige Erweiterungen, ggf. Wegfall des EG).
* Welche *Innovationen* entstehen in der Umwelt, die den eigenen Existenzgrund gefährden oder neue Optionen für den Existenzgrund der eigenen Organisation liefern?

2.3.1 Versteckte Existenzgründe

Für die erste Frage nach den versteckten EG's braucht es Innenkenntnis über die Organisation. In vielen Fällen ist dazu eine Organisationsdiagnose notwendig, die wir in Kap. 6 behandeln werden. In der Regel zeigt sich, dass es intern neben den offiziellen Prozessen meist nicht aufgeschriebene Nebenprozesse gibt, aus denen sich versteckte EG's erkennen lassen.

Teilweise kann man die versteckten EG's auch direkt an den Outputs erkennen. Wenn zum Beispiel im After Sales Bereich bei Beschwerden des Kunden über die Dienstleistung oder das Produkt keine oder eine sehr mangelhafte Reaktion erfolgt, wird deutlich, dass diesem Bereich im Unternehmen keine große Bedeutung zugemessen wird.

Beispiel Kundenservice: Es kann sein, dass die Kosten für Kundenservice so hoch werden, dass das Unternehmen keine Gewinne mehr macht. Und wenn ein ungeschriebenes Gesetz der Eigentümer vorliegt, dass das Unternehmen immer Gewinne machen muss, dann ist in der Zielsetzung der eigene Gewinn wichtiger als Kundenzufriedenheit. Die Gewinnmarge ist dann möglicherweise ein versteckter Existenzgrund: „Ich brauche die Gewinne zur Versorgung meiner kranken Eltern" oder: „Ich brauche die Gewinne für meine Villa im Tessin."

2.3.2 Wanderungsbewegungen des relevanten Marktes

Der zweite Aspekt, die Beobachtung von möglichen Wanderungsbewegungen des Existenzgrundes konzentriert sich notwendigerweise auf die Beobachtung der Umwelt. Das kann eine genaue Markt- und Trendanalyse erfordern.

Beispiel Turbolader: Wir kommen auf das Beispiel des Herstellers von Teilen für Turbolader zurück. Auf den ersten Blick scheint hier ein wandernder Existenzgrund weg von Verbrennungs- zu Elektromotoren vorzuliegen. Kurzfristige Indikatoren der letzten Jahre sowie der teilweise politisch verordnete Umstieg auf Elektromobilität haben erhebliche Turbulenzen verursacht und den Eindruck erweckt, dass dieses Produktsegment bald nicht mehr, aber zumindest immer weniger benötigt wird. Bei genauerem Hinsehen mit einer sorgfältigen weltweiten Marktanalyse sieht man jedoch, dass sich alle Experten weltweit einig sind, dass der absolute Bedarf an Verbrennern (vom Moped über das Auto bis zum Schiffsdiesel und Panzer) in den nächsten 10 bis 20 Jahren zwar stagnieren, aber nicht sinken wird. Der Mobilitätsmarkt wird dabei insgesamt weltweit gesehen um 20–30 % steigen – und dieser Anteil wird durch E-Mobilität abgedeckt werden. Aber schneller wird der weltweite Umstieg auf E-Mobilität voraussichtlich nicht gehen. Dabei wurden alternative CO_2-neutrale Brennstoffe gar nicht mit betrachtet.

    Für das Unternehmen ist damit die Turbulenz am Markt und die damit verbundene Unsicherheit drastisch gestiegen, aber auf lange Sicht ist die Existenz des Unternehmens nicht gefährdet. Trotzdem ist eine Neuausrichtung des Unternehmens erforderlich, da die Volatilität des Marktes so hoch ist. Ein kleines Unternehmen muss dann seine Kunden stärker in sein Unternehmensrisiko einbinden. Dies kann zum Beispiel in einer Beteiligung an Investitionen des Lieferanten bestehen."

2.3.3 Wirkung von Innovationen

Damit sind wir beim dritten Aspekt der Erneuerungsrückführung: Welche Innovationen entwickeln sich im Markt, die Einfluss auf den eigenen Existenzgrund haben können?

Beispiel Wikipedia: Ein klassisches Beispiel hierfür ist die Entstehungsgeschichte der Plattform Wikipedia als Non-Profit Organisation. Die Grundidee war, dass in einer offenen Plattform rund um den Globus Menschen ihre Beiträge zu Begriffen und Personen verfassen und damit ein digitales Lexikon schaffen. Durch die Menge der Nutzer und den freien Zugang entsteht nach und nach eine hohe Zuverlässigkeit und Qualität der Aussagen zu einem bestimmten Thema. Die traditionellen Buchverlage für Lexika haben diese Entwicklung anfangs belächelt und die Gefährdung des eigenen Existenzgrundes durch diese Innovation völlig unterschätzt. Selbst große Verlage wie Brockhaus[5] haben die Entwicklung der Wikipedia Innovation nicht vorhergesehen. Im Ergebnis hat der alte Lexika Existenzgrund zwar noch ein paar Jahre gehalten, allerdings nur bis zu einem Kipppunkt, an dem die Qualität von Wikipedia so gut war, dass die Fehlerrate verbunden mit der raschen Möglichkeit zur Aktualisierung kleiner und kleiner wurde. Schließlich war das Lexikon mit seinen gedruckten Auflagen schnell veraltet und war faktisch nicht mehr konkurrenzfähig. Die Folge waren die Schließung vieler Lexika Verlage bzw. entsprechender Verlagsbereiche.

Beispiel digitale oder gedruckte Zeitung: Bleiben wir für ein zweites, aber positives Beispiel für den Umgang mit Innovationen zur Erneuerung des Existenzgrundes bei einem Medienprodukt. Durch die Innovation, Nachrichten als Text und als Video in sozialen Medien und Plattformen aufnehmen zu können, wurde die gedruckte Zeitung schon vor Jahrzehnten totgesagt. Aber trotz des Papierverbrauchs und des logistischen Aufwands haben viele Verlage einen dritten Weg des sowohl als auch gefunden: Aufnehmen der Innovation und radikale Digitalisierung der Zeitung oder des Magazins und Erschließung neuer Vertriebswege. Sie haben aber gleichzeitig die alte Form auf Papier beigehalten im Sinne eines hybriden Produkts, also die „alte" und die „neue" Welt miteinander kombiniert. Diese Symbiose muss nicht auf Dauer so bleiben, hat aber als Erneuerungsfeedback jetzt schon einige Jahrzehnte die Zeitungsverlage in ihrer Positionierung im Markt gehalten oder sogar gestärkt.

> **» Es gibt keinen „Königsweg" für die Erneuerungs-rückführung, sondern nur den Weg der aufmerksamen Beobachtung.**

Fazit: Die aufmerksame Beobachtung der Erneuerungsrückführung bezieht sich

* auf „versteckte" Existenzgründe, die meistens aus der Dynamik der Organisation selbst kommen,

---

[5] https://de.wikipedia.org/wiki/Brockhaus_Enzyklop%C3%A4die.

- auf Markt- und Umweltbeobachtung und
- auf das Monitoring von neu entstehenden Innovationen, die den eigenen Existenzgrund gefährden, fördern oder sogar erweitern.[6,7]

2.4   Welche Rolle spielen Werte, Prinzipien, Normen und Verantwortung?

Werte, Prinzipien und Normen beeinflussen eine Organisation in starkem Maße – aber es ist nicht der Regelfall, dass die Führungskräfte sich dessen bewusst sind. Welche Verantwortung sollte die Organisation für ihre Umwelt übernehmen, die sowohl für die Gesellschaft als auch für die Mitarbeiter Sinn macht (Abb. 2.6)? Normalerweise haben einzelne Personen aus der Führungscrew Zugang zur Verantwortungsrückführung: Sie kümmern sich z. B. um das interne Firmenklima, in dem sie Regeln des Umgangs einführen. Das können Führungskräfte vorgeben oder in einem Unternehmen immer wieder zum Gesprächsstoff machen.

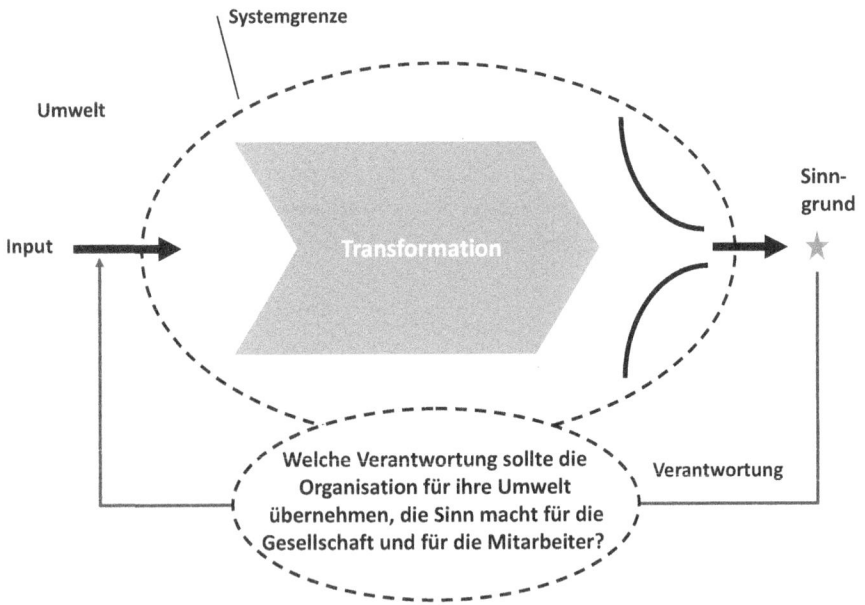

Abb. 2.6   Sinnfragen einer Organisation

---

[6] (Henning et al. 2011).
[7] (Trantow et al. 2013).

Erstaunlich ist, dass in vielen Organisationen ähnliche Verhaltensweisen von fast allen Mitarbeitern bevorzugt werden:

- Verbesserung des Umgangs miteinander – was häufig auch als „Unternehmenskultur" bezeichnet wir,[8]
- Nicht hinter dem Rücken Abwesender und Anderer reden,
- Pünktlichkeit,
- zuverlässige Zusammenarbeit,
- Zuhören in der Zusammenarbeit.

Bei dem Thema „Verantwortungsrückführung" haben wir es mit einer anderen Dringlichkeit zu tun haben, als es beim überlebensnotwendigen Existenzgrund der Fall ist. Über Verantwortungsrückführung wird häufig nicht offen gesprochen. Eine Ausnahme sind Unternehmen, die ethisch geführt werden, wie das bei Deichmann, dem größten Schuhhändler Europas der Fall ist.

Beispiel Deichmann: Im Jahr 2015 hat Heinrich Deichmann im Manager Magazin gesagt,[9]

„Ethik und Wirtschaft gehören für mich untrennbar zusammen. Forscher und Praktiker bestätigen das immer wieder. Langfristiger Erfolg ist ohne ethisches Verhalten nicht möglich. Nur wenn man Kunden, Mitarbeiter und die Öffentlichkeit fair und ehrlich behandelt, kann man auf Dauer am Markt bestehen. Wo Gier, Egoismus und gar Gesetzlosigkeit regieren, gibt es langfristig keine Gewinner."

Weiter sagt er:

„Wir sehen den Unternehmenszweck nicht nur darin Gewinne zu erzielen, sondern Menschen zu dienen. So haben wir auch unser Leitbild überschrieben."

Wenn wir nun in das Jahr 2024 bei Deichmann hinsehen, dann erleben wir, dass das Thema Verantwortung für die Kunden, die Mitarbeiter, aber

---

[8] Vgl. Kap. 5: Wo bleibt die Unternehmenskultur?
[9] https://www.manager-magazin.de/unternehmen/industrie/deichmann-chef-heinrich-deichmann-ueber-vw-gier-und-gesetzlosigkeit-a-1056568.html.

auch für die indischen Produzenten der Schuhe eine Aufgabe geblieben ist und weiterhin zum Erfolg führt.[10]

„Wir stehen für Kontinuität und Verlässlichkeit und sind seit mittlerweile 111 Jahren für die Menschen da. Wir haben die klare Positionierung, mit unserer großen Auswahl an Schuhen für die ganze Familie das beste Preis-Leistungs-Verhältnis am Markt zu bieten."

Beispiel OSTO Systemberatung: Dreißig Jahre war die OSTO-Systemberatung[11] ein Beratungsunternehmen, das darauf spezialisiert war, das Knowhow der Unternehmen aufzudecken und sichtbar zu machen. Dadurch sollten die Unternehmen in die Lage versetzt werden, mit den eigenen Ideen den Veränderungsprozess selbst zu gestalten und umzusetzen. Der Beratungsbeitrag bezog sich danach auf die Unterstützung bei der konsequenten Umsetzung der Ideen. Dahinter stand der Grundgedanke und das Vertrauen, dass Menschen und vor allem Unternehmer selbst eine Idee haben, wie ihr Unternehmen neu aufgestellt oder weitergeführt wird.

Die Frage war immer wieder: Bleiben wir dabei, Unternehmen nur die Vorschläge zu machen, die ihnen helfen, Veränderungen selbst zu gestalten oder übernehmen wir das Denken für das jeweilige Unternehmen? Auf letzteres ist möglichst verzichtet worden, weil wir den jeweiligen Kunden die Chance geben wollten, selbst auf den richtigen Pfad zu kommen. Der ethische Grundgedanke der OSTO-Systemberatung war es, die Unternehmen zu ihrem eigenen ethischen und verantwortungsbewussten Grundgedanken im Laufe des Beratungsprozesses hinzuführen.

2.5   Welche Rolle spielen weltanschauliche Einflüsse auf die Zukunft eines Unternehmens?

Mit der sogenannten Erkenntnisrückführung stellen wir die Frage nach dem Einfluss wesentlicher soziologischer, kultureller, ethischer und religiöser Strömungen einer jeweiligen Zeit: Muss sich eine Organisation an neuere Strömungen anpassen, um weiterhin auf dem Markt zu bleiben und Erfolg zu

---

[10] https://corpsite.deichmann.com/de/blog/pressetexte/deichmann-im-111-jahr-weiter-auf-erfolgskurs-umsatz-auf-rekordniveau-wachstum-gegen-den-branchentrend/.
[11] Vgl. https://henning4future.com/.

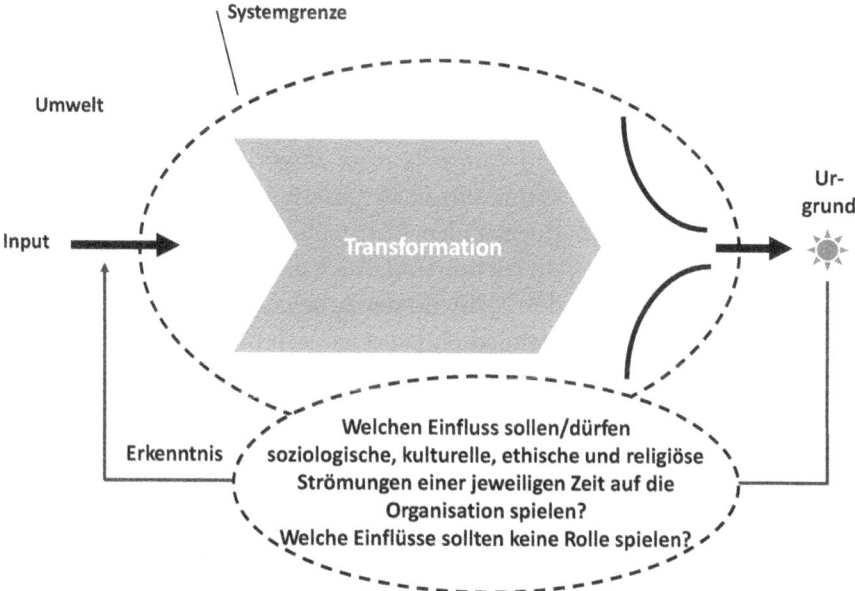

Abb. 2.7 Hat der Urgrund einen Einfluss auf die Organisation?

haben? Welche Effekte können sich aus einer Rückführung des Urgrunds in die Organisation ergeben (Abb. 2.7)?

Im OSTO-Systemmodell wird die Frage nach der Erkenntnisrückführung gestellt, also danach, welche Einflüsse aus dem Verständnis des Urgrundes für eine Organisation zukunftsweisend sind. Bei der Erkenntnisrückführung geht es also um die Frage, welchen Einfluss weltanschauliche Bindungen auf eine Organisation haben. *Hat die Organisation als Ganzes eine weltanschauliche Identität? Darf die religiöse Prägung der Mitglieder einer Organisation sein oder ist sie unerwünscht?*

Beispiel Schuhhaus Deichmann: Im Falle des Beispiels des Schuhhauses Deichmann sind die Inhaber vom christlichen Glaubensbekenntnis geprägt,[12] die als Erkenntnisrückführung das Unternehmen beeinflusst, und für die Mitarbeiter und Verantwortlichen eine erweiterte Perspektive bietet.
Beispiel Katholische Kirche: Nehmen wir zunächst einmal die großen, verfassten Kirchen, die sogar ihren Existenzgrund weltanschaulich definieren: Der Grund für die Existenz der Katholischen Kirche könnte sein, dass viele Menschen auf der ganzen Welt den Christlichen Glauben nach dem katho-

---

[12] Vgl. Faktor C 3⁺2024 Damit das Leben in der Wirtschaft gelingt. S. 34. Christen in der Wirtschaft e.V. Würzburg 2024.

lischen Ritus praktizieren. In diesem Fall ist eine Organisation Urgrund-gesteuert, weil dieser die Grundlage der Existenz der Organisation bildet.

Beispiel Unternehmen in einem islamisch stark geprägten Land: Ein weiteres Beispiel finden wir in einem islamisch stark geprägten Land, das aber im Bereich der Wirtschaft und Industrie ganz ausgerichtet sein soll auf die westliche Welt. Dort ist es für Wirtschaftsunternehmen nicht erlaubt, dass in den Fabriken und Bürogebäuden Gebetsräume eingerichtet werden – die für viele Mitarbeiter sehr wichtig sind. Auch das Tragen von Kopftüchern bei Mitarbeiterinnen ist dort während der Arbeitszeit verboten. Ein großes Unternehmen in einem islamischen Land hat sich nicht an diese Regel ge-halten, und hat in seinen Räumen einen kleinen Gebetsraum mit der Möglichkeit der Fußwaschung eingerichtet. Auch das Tragen der Kopftücher für Frauen in der Arbeitszeit ist erlaubt.

Weltanschauliche Einflüsse können also sehr unterschiedliche Auswir-kungen auf eine Organisation haben, wie wir an drei Beispielen gesehen haben, bei einem Schuh-Konzern, bei der Katholischen Kirche und bei einem Unternehmen in einem islamisch geprägten Land.

2.6   Das Selbstbestätigungsfeedback

Schließlich gilt es das Selbstbestätigungsfeedback (SBFB) zu betrachten, also jenen Prozess, bei dem die Rückführung so ausgelegt ist, dass sich im System möglichst nichts ändern muss und alles beim Alten bleibt (Abb. 2.8).

Das klingt auf den ersten Blick merkwürdig und auch ein wenig komisch. Es hat jedoch mit der Natur lebender Systeme zu tun, die dazu tendieren, die eigenen Muster und Verhaltensmerkmale immer neu zu erzeugen. Sowohl Maturana[13] als auch Luhmann[14] haben diese Zusammenhänge erstmalig be-schrieben. Ein lebendes System hat den Drang über seine Rückkopplungen sicherzustellen, dass es in einem stabilen Zustand bleibt und empfindet alles von außen zunächst als Störung. Nicht umsonst spricht man in der Rege-lungstechnik von Störgrößen, die ein System schnell aus dem Gleichgewicht bringen. Aufgabe der Rückkopplung ist es dann, diese Störgrößen auszu-gleichen.

Das Ziel der Beobachtung des soziologischen Ist-Zustandes einer Gruppe, eines Systems oder einer biologischen Struktur ist es, sich immer in der be-

---

[13] (Maturana 1970).
[14] (Luhmann 1987).

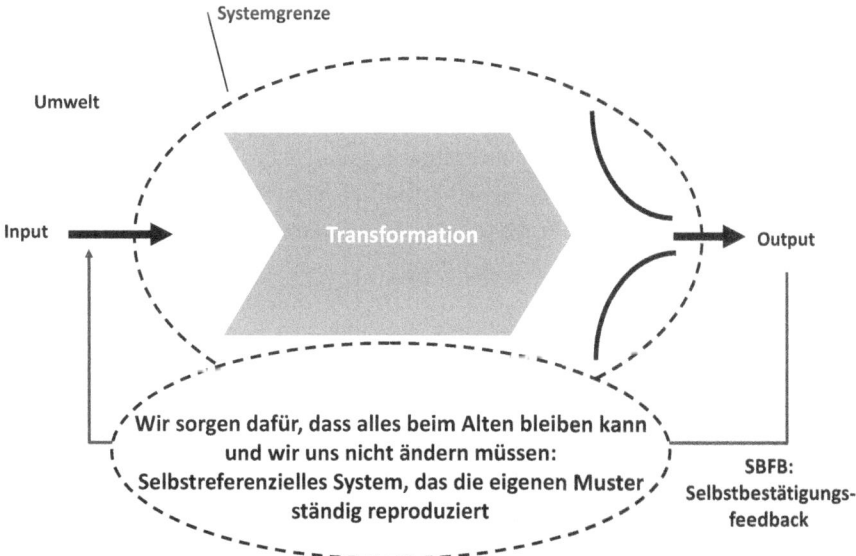

Abb. 2.8 Die Gefahr des Selbstbestätigungsfeedbacks

stehenden Grenze zu erhalten. Das gilt auch für Pflanzen: Besonders schön kann man das auf Bergwiesen beobachten, auf denen es Systeme ein und derselben Pflanze gibt, die zwar eng am nächsten Pflanzensystem stehen, sich aber nicht überschneiden (vgl. Abb. 1.2).

》 *In Organisationssystemen geschieht das Abwehren von äußeren Einflüssen ständig über die „undichte" Systemgrenze, an der bewusste oder unbewusste Filter den Einfluss verhindern.*

Dabei hilft es sehr, dass wir fast alle von unseren Produkten und Fertigkeiten so überzeugt sind, dass wir immer wieder die positiven Seiten beschreiben: Wir sprechen von *Selbstbestätigungsfeedback,* das dafür sorgt, dass sich nichts ändert, weil sich die Mitglieder einer Organisation für die Besten halten. Deshalb sprechen wir im Englischen auch von „ego-boost-feedback".

Die Fragestellung im Feedbacksystem lautet: Wie muss das Feedback vom Output auf den Input gestaltet sein, dass herauskommt: *„Ich bin der Beste, wir sind die Besten, wir brauchen nichts zu ändern; ja, wir sollten auch nichts ändern."*

Gleichzeitig sorgt ein solches Feedback dafür, dass Führungskräfte leicht denken, alles sei in Ordnung und es gibt keine Notwendigkeit, das eigene Verhalten oder die Organisation zu verändern.

Besonders ausgeprägt findet sich dieses Verhalten in allen Bereichen, die bürokratische Kontrollprozesse als Aufgabe haben – egal ob das in der Industrie, in Krankenhäusern oder in öffentlichen Verwaltungen geschieht. Susanne Ihsen schreibt in ihrer systemischen Untersuchung auf der Basis der Institutionstheorie diese Zusammenhänge.[15] Danach sind Institutionen extrem damit beschäftigt, ihren eigenen Existenzgrund, nämlich die Kontrolle über einen bestimmten Bereich zu erhalten. Das ist dann tief in der Unternehmensidentität und -kultur verankert. Sie tendieren dazu Outputs zu erzeugen, die sicherstellen, dass man sie auch in Zukunft braucht. Sie organisieren ihr Qualitäts- und Erneuerungsfeedback dann als Selbstbestätigungsfeedback.

Solche Effekte führen langfristig zu einem selbstreferenziellen System, in dem das eigene „Ich" des Systems im Vordergrund steht und nicht der Kunde. Die Vermehrung des eigenen Status, die eigene Unentbehrlichkeit und die eigene Macht gerät in den Mittelpunkt des Geschehens.

Wenn diese selbstreferenzielle Dynamik zum dominanten Verhalten einer Organisation oder Teilen einer Organisation wird, nennen wir das „Organisationskrebs". Der Output dient nur noch der eigenen Stärkung und Vermehrung und verliert seinen Existenzgrund, dem Kunden zu dienen. Das krebsartige „Organisationsgeschwür" verliert den Bezug zur Umwelt und braucht aber dessen Energie. Es „frisst" seine Umgebung auf und gefährdet die Überlebensfähigkeit der Organisation und der Netzwerke von Organisationen, die miteinander in Wechselwirkung stehen.[16]

》 *Selbstbestätigungsfeedback ist als Erscheinungsform bei allen Rückkopplungsprozessen unvermeidbar. Es darf aber nicht zum dominanten Feedback werden, weil es sonst die Überlebensfähigkeit des Gesamtsystems gefährdet.*

---

[15] (Ihsen 1999).
[16] Wir nennen das auch „Organisationskrebs" (vgl. (Henning und Henning 2024), S. 78 f.

Es sollte darum gehen, dass die Kunden ihre immer neuen Ansprüche an das jeweilige Produkt oder die jeweilige Dienstleistung haben können. Dafür muss das „System" immer in Bewegung bleiben. Das „Selbstbestätigungfeedback" ist deshalb für jede Organisation gefährlich, denn es verhindert, dass die Verantwortlichen an die Kundenbedürfnisse und damit an Erneuerungen und den Existenzgrund denken.

3

Der Blick nach Innen – die Transformationsprozesse

Nachdem wir uns mit dem Blick von außen auf eine Organisation und den damit verbundenen Rückkopplungsprozessen beschäftigt haben, gilt es nun mit dem OSTO-Systemansatz den Blick in das Innere eines Organisationssystems zu richten:

- *Wie entstehen in einer Organisation Ziele?*
- *Wie gestaltet sich die Umsetzungsstrategie für diese Ziele?*
- *Wie wirken die Transformationsprozesse in der Organisation?*

Dabei ist von besonderer Bedeutung wie Aufgaben- und Individuelle Kernprozesse effektiv und effizient miteinander verknüpft werden. Der dafür notwendige soziale Kernprozess ist ein zentraler Baustein des OSTO-Systemansatzes und in sehr vielen Organisationen unzureichend ausgeprägt.

3.1 Die Natur des Transformationsprozesses

Wir wenden nun den Blick in das Innere eines Organisationssystems (Abb. 3.1). Der Transformationsprozess, durch den aus Inputs die Outputs erzeugt werden, sollte auf den Existenzgrund ausgerichtet sein. Aus dem Existenzgrund lassen sich die Ziele einer Organisation ableiten. Dazu braucht

© Der/die Autor(en), exklusiv lizenziert an Springer-Verlag GmbH, DE, ein Teil von Springer Nature 2025
R. Henning, K. Henning, *Organisationen verstehen und managen*,
https://doi.org/10.1007/978-3-662-70927-6_3

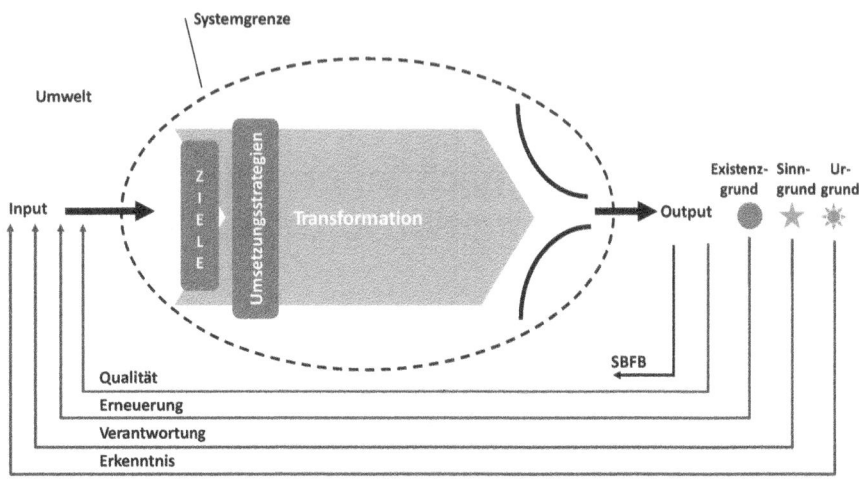

Abb. 3.1 Ziele und Umsetzungsstrategien einer Organisation

jedes Organisationssystem ein Zielsystem, das die Basis für die internen Transformationsprozesse bildet. Es besteht aus zwei Elementen:

- *Was wollen wir erreichen?* Dazu braucht es eine Ableitung der Ziele aus dem Existenzgrund. Dabei fließen die Auswertungen aus allen Rückkopplungsschleifen ein.
- *Wie wollen wir die Ziele erreichen?* Dazu braucht es aufbauend auf dem Input, den Rückkopplungsschleifen und den Zielen eine interne Umsetzungsstrategie, die aus drei Elementen besteht: Werte, Prinzipien und Normen.

Die Festlegung der Ziele und Umsetzungsstrategien ist bereits ein Teil des Transformationsprozesses und sollte nicht einfach „verordnet" werden. Aber eine generelle Festlegung des Existenzgrundes sollte vom Top Management (Vorstand) definiert werden. Auf dieser Basis können die Ziele zusammen mit den verantwortlichen Mitarbeitern entwickelt werden. In einer lebenden Organisation ist es wichtig, dass dieser Prozess gemeinsam mit den wichtigsten Verantwortlichen eines Unternehmens durchgeführt wird. Auf dieser Basis entstehen dann die drei notwendigen Transformationsprozesse:

- Der *Aufgaben-Kernprozess* mit allen inhaltlichen und prozessbezogenen Aspekten, also der Hauptaufgabe einer Organisation,
- Der *Individuelle Kernprozess* mit allen Haltungen und Einstellungen, die die Mitarbeiter in die Organisation einbringen,

- Der *Soziale Kernprozess* als das dritte und wichtigste Element mit der Aufgabe der Verknüpfung der Energien aus dem Aufgaben-Kernprozess und dem Individuellen Kernprozess. Es geht dabei um die Effizienz und Effektivität der Zusammenarbeit der Mitarbeitenden.

Das Wortelement „… kern …" weist immer wieder darauf hin, dass alle Energien auf den Existenzgrund einer Organisation ausgerichtet sein sollten.

3.2 Ableitung der Ziele aus dem Existenzgrund

Nun wollen wir uns näher damit auseinandersetzen, wie eine auf den Existenzgrund fokussierte Zielsetzung entstehen sollte. Die Ziele sind nichts anderes als die genauere Spezifikation des Existenzgrundes. Oder anders ausgedrückt: Man nehme den Existenzgrund und formuliere daraus einige wenige Leitsätze.

Im Abschn. 1.3 (Existenzgrund als „Vertrag" mit der Umwelt) hatten wir bereits ein Beispiel für einen Existenzgrund eingeführt und dazu ein mittelständisches Unternehmen ausgewählt. Er lautet:

„Der Grund für die Existenz des Unternehmens „Beschichtungsanlagen" ist das Bedürfnis von Investitionsgüter-Unternehmen aus der ganzen Welt nach qualitativ hochwertiger Beschichtung von Metallen, die eine hohe Lebensdauer gewährleisten und auf kleine Stückzahlen angepasst werden können."

Man sieht an diesem Existenzgrund folgende Merkmale:

- Es existiert die Einschränkung auf ein bestimmtes Marktsegment, nämlich die oberflächenbehandelnde Industrie.
- Es wird ein Produktbereich genannt, nämlich hochwertige Beschichtung von Metallen.
- Es soll in einer bestimmten Qualität erbracht werden, nämlich eine hohe Lebensdauer und eine Anpassungsfähigkeit an kleine Stückzahlen.

Diese Aussage gilt es jetzt in einige wenige Sätze „umzubauen", die es auf den Punkt bringen: *„Was wollen wir erreichen?"* Im Gegensatz zum Existenzgrund sollten die Ziele immer zum Kunden kommunizierbar sein und vom Kunden verstanden werden können.[1] Im vorliegenden Beispiel sind für die Ziele, also *„Was wollen wir erreichen?"*, drei Sätze entstanden:

---

[1] Beim Existenzgrund gibt es in der Regel eine „interne" Formulierung, die es für die Betroffenen auf den Punkt bringt. Sie muss aber meistens für die Kommunikation für den Kunden vereinfacht werden und ist daher oft nicht mehr präzise genug. Deshalb nennen wir den Existenzgrund auch gerne den „unsichtbaren Vertrag mit dem Kunden".

1. *Wir wollen als Technologie- und Marktführer für die oberflächenbehandelnde Industrie in allen relevanten Weltregionen präsent sein. Wir setzen den Standard im Weltmarkt.*
2. *Wir wollen der Engineering-Spezialist für optimierte Gesamtlösungen rund um die Beschichtung von Metallen sein.*
3. *Wir wollen ein gutes Verhältnis untereinander und zu unseren Kunden haben.*

Im ersten Satz ist die Rolle als Weltmarktführer präzisiert: Das Unternehmen will in allen relevanten Regionen dieser Welt präsent sein. Allein durch diese Zielsetzung wird deutlich, dass alle Mitarbeiter die Reisebereitschaft mitbringen müssen, an sehr verschiedene Orte in dieser Welt zu reisen. Dabei wird der Anspruch formuliert: *„Wir setzen den Standard im Weltmarkt."* Die Produkte sollen also die Maßstäbe setzen, an denen sich die Konkurrenz messen kann und der Kunde sicher ist, dass er den neuesten verfügbaren Stand der Technik bekommt. Das ist eine sehr anspruchsvolle Formulierung, die nicht nur ein Versprechen an den Kunden darstellt, sondern auch wesentliche Ansprüche nach innen an den Transformationsprozess und damit auch an die Mitarbeiter stellt.

Im zweiten Satz wird auf den Punkt gebracht, dass man nicht nur Steuerungen baut, sondern auch den Blick für das Größere hat. Das Unternehmen sagt, dass es nicht nur Spezialist auf seinem Gebiet ist, sondern optimierte Gesamtlösungen liefert. Hier wird neben dem weltweiten Agieren ein weiteres Alleinstellungsmerkmal deutlich: Ein breiter Blick für integrierte Gesamtlösungen, die „Spezialist sein" und „Weltmarktstandards setzen" miteinander kombinieren. Das ist eine Kombination, die man auf dem Weltmarkt selten findet.

Der dritte Satz scheint sich auf den ersten Blick nicht auf die Ziele zu beziehen. Er könnte auch bei den Umsetzungsstrategien stehen. Es ist *diesem* Unternehmen aber wichtig, dass der Faktor „ein gutes Verhältnis untereinander" als Ziel verankert ist und eine Brücke zwischen Kunden und Mitarbeitern darstellt. Das Unternehmen will das eben nicht nur als Ziel gegenüber den Kunden haben, sondern das Gleiche nach innen verwirklicht sehen.

Wir haben den Prozess, aus dem Existenzgrund die Ziele der Organisation abzuleiten, absichtlich an einem Beispiel dargestellt. Daran wird deutlich, dass dieser Prozess nicht trivial ist, sondern sehr viel Mühe braucht.[2] Die Erarbeitung des Existenzgrundes macht es aber für die eigenen Organisation und den Kunden klarer, was das Unternehmen liefern kann und will.

Es bleibt die Frage, was mit den Einflüssen der anderen Rückkopplungsschleifen bei der Entwicklung der Ziele passiert (vgl. Abb. 3.1).

Bei der Qualitätsrückführung geht es darum, dass die Beobachtungen und Bewertungen der Outputs sich in den Zielen wiederfinden. Daraus erkennt man dann sehr schnell, in welche Richtung die Ziele ggf. angepasst werden müssen.

Bei Sinngrund- und Urgrund-Rückführungen ist es anders: In den meisten Fällen spiegeln sich diese Aspekte in den Umsetzungsstrategien, also „Wie wollen wir die Ziele umsetzen?" und nicht in den Zielen selbst. Darauf werden wir im nachfolgenden Kapitel näher eingehen.

Grundsätzlich ist es nicht gut, wenn Sinngrund- und Urgrund-Aspekte in die Zielsetzung einfließen, weil es in der Regel Aspekte sind, aus denen sich keine direkten finanziellen Ergebnisse erzielen lassen, zumindest nicht direkt und kurzfristig.

3.3 Die Umsetzungsstrategie für die Ziele

Wir hatten zu Beginn von Kap. 3 dargestellt, dass die Ziele einer Organisation die Frage *„Was wollen wir erreichen?"* beantwortet. Die Umsetzungsstrategie klärt die Frage: *„Wie wollen wir die Ziele der Organisation erreichen?"*. Für die Entwicklung der Umsetzungsstrategie gibt es drei wesentliche Quellen:

* Die direkte Ableitung aus den Zielen,
* Ableitungen aus dem Existenzgrund einer Organisation, insbesondere aus den darin definierten Qualitätsmerkmalen,
* Ableitungen aus dem Sinngrund und dem Urgrund einer Organisation.

Man kann für die Umsetzungsstrategien drei Steuerungsebenen unterscheiden:

* Eine oberste Ebene mit den *Werten* einer Organisation.
* Eine zweite Ebene mit den *Prinzipien*, nach denen eine Organisation aufgebaut und geführt wird.

---

[2] Es macht auch keinen Sinn, dass Beratungsunternehmen diese Aufgabe ersatzweise übernehmen. Sie können helfen, es zusammen mit dem Unternehmen zu machen, aber niemals als ein von außen „aufgedrückter" Prozess.

- Und eine dritte Ebene der *Normen*, also der (standardisierten) Verfahrensweisen, mit denen eine Organisation gestaltet und betrieben wird.

Bei den *Werten* ist es offensichtlich, dass hier Aspekte des Sinngrunds und ggf. auch des Urgrunds einfließen können und auch sollten. Dies in den Umsetzungsstrategien explizit aufzuführen, ist schon deshalb wichtig, weil sonst die Gefahr besteht, dass „unausgesprochene Strategien" verstärkt wirksam sind und versteckt im Untergrund einer Organisation wirken, den Transformationsprozess aber entscheidend mitbestimmen. Solche verborgenen Strategien gibt es allerdings immer in einer Organisation. Darauf werden wir in Kap. 6 in Zusammenhang mit der OSTO-Systemdiagnose noch näher eingehen. Werte, die in die Umsetzungsstrategien eingehen, sollten aber möglichst konkret sein. So ist zum Beispiel Wachstum und Gewinn ein Wert, den jedes Unternehmen der freien Wirtschaft braucht.

Bei der zweiten Kategorie – den *Prinzipien* – geht es vor allem um Grundsätze der Gestaltung des Unternehmens, zum Beispiel in Hinblick auf die Rolle und Bedeutung des Vertriebs, auf die Art und Weise des Umgangs mit Kunden und Mitarbeitern oder auf die Art und Weise, wie Projektarbeit oder Produktion organisiert und durchgeführt werden.

In der dritten Kategorie der *Normen* geht es um Grundlagen, die für die Arbeit der eigenen Organisation sichergestellt sein sollten, so zum Beispiel die Rolle der Kompetenz von Mitarbeitern, die Rolle von Teams, die Methodik, mit der Projekte bearbeitet werden (zum Beispiel mit agilen Methoden) oder Eckpunkte, die effizientes Arbeiten ermöglichen. Die Grenzen zwischen den drei Aspekten Werten, Prinzipien und Normen sind also fließend. Aus den im vorherigen Abschnitt dargestellten Zielen des Beispiel-Unternehmens wurden unter anderem folgende Umsetzungsstrategien abgeleitet:

Werte:
Wir sind innovativ und bringen neue Produkte in den Markt.
Wir streben kontinuierliche Gewinne für ein angemessenes Wachstum an.

Bei der Werthaltung „angemessener Gewinn und Wachstum" kommt es auf das Adjektiv „angemessen" an. Es soll kein beliebiges Wachstum geben, sondern ein angemessenes, also eine kleine Wachstumsrate, damit das Unternehmen seine innere Identität bewahren kann und diese nicht durch eine zu hohe Wachstumsrate gefährdet wird.

Prinzipien:
Wir betreiben einen aktiven Vertrieb und streben ein weltweit gestreutes Kundengeschäft an.
Wir passen uns durch eine flexible Projekt- und Serviceorganisation an die Erfordernisse turbulenter Marktbedingungen an.
Wir gestalten Kundenbindung und Entwicklung durch sehr guten Service und persönlichen Kontakt.

Bei den Prinzipien geht es um grundsätzliche Konsequenzen aus den Zielen. Wenn ich als kleines Unternehmen Weltmarktführer sein will, muss der Vertrieb weltweit agieren und das muss nach innen für alle Mitarbeiter unmissverständlich klar sein. Und wenn man innovativ sein will mit den neuesten Technologien und Verfahren in einem Investitionsgütermarkt, muss man mit dauernden Turbulenzen rechnen, weil das Unternehmen unmittelbar von den Turbulenzen des Weltmarktes tangiert wird. Die Kunden, die Investitionsgüter herstellen, verlassen oft einzelne Regionen dieser Welt und starten an andere Stelle neu. Oder sie sind selbst bei kleinen Stückgrößen und hoher Produktvielfalt in einer turbulenten Marktsituation, für die sie dann schnell, unbürokratisch und mit relativ wenig Geld einen Lieferanten für neue Steuerungskonzepte und Anlagen für ihre Produktion suchen.

Schließlich soll es ein Prinzip sein, mit extrem gutem Service und persönlichem Kontakt die Kundenbindung sicherzustellen. Das hat nach innen erhebliche Auswirkungen, weil es für ein kleines Unternehmen gar nicht so einfach ist, einen 24/7 Service einzuhalten, also rund um die Uhr in allen Regionen dieser Welt handlungsfähig zu sein. Auch der persönliche Kontakt mit den Kunden hat für die Prozesse im Unternehmen erhebliche Konsequenzen, weil dies nicht nur Mitarbeiter des Vertriebs betrifft, sondern ebenso Entwicklung und Produktion.

Normen:
Wir wollen ziel- und erfolgsorientierte Teams.
Wir stellen sicher, dass wir effizient arbeiten.
Technische Lösungen werden unter wirtschaftlichen Aspekten realisiert.

Bei den Normen geht es um grundlegende Pfeiler der Art des Arbeitens in der Organisation. Im vorliegenden Beispiel sehen wir, dass jedes Team ein klares Ziel haben soll und den Erfolg will. Es ist gar nicht so leicht, effizientes Arbeiten in einem Unternehmen umzusetzen, also mit möglichst geringem Aufwand möglichst viel zu erreichen. Schließlich sollen die technischen Lösungen nicht in die Falle der Technikverliebtheit laufen, in der sich die Entwickler zu wenig um die Kosten kümmern und aus dem Auge verlieren, was der Kunde wirklich braucht. Das Beispiel zeigt, dass die Entwicklung der Umsetzungsstrategien partizipativ laufen muss und nicht einfach von der Chefetage gesetzt werden darf.

> » *Die Umsetzungsstrategien stellen so etwas wie das innere Gehirn einer Organisation dar, das in allen Bereichen einer Organisation präsent sein sollte.*

3.4   Die Kernprozesse als Ausrichtung auf den Existenzgrund

In den bisherigen Ausführungen haben wir uns mit den Anforderungen beschäftigt, die ein wirtschaftlich geführtes Unternehmen, aber auch eine Verwaltung, Behörde oder eine Kooperative beachten sollten, damit die Kundschaft Interesse an den Produkten hat – und der inhaltliche und wirtschaftliche Erfolg erreicht wird. Wir haben zunächst einen Blick auf die Anforderungen der Umwelt und möglicher Kunden gerichtet. Das fing mit dem überlebensnotwendigen Existenzgrund an – erweitert durch den Sinngrund und den möglichen Urgrund der Organisation. Daraus haben wir die Ziele und Umsetzungsstrategien einer Organisation abgeleitet.

Das OSTO-Systemmodell beschreibt nun, wie im Inneren einer Organisation aus den Informationen der Umwelt, aus dem Existenzgrund die realen Ergebnisse der Organisation erzeugt werden. Das Modell bietet dafür zwei Betrachtungsmöglichkeiten:

• Darstellung der Kernprozesse (Prozessvariante). Das ist Gegenstand in diesem Kapitel.
• Darstellung der Gestaltungskomponenten (Strukturvariante). Diese Sichtweise werden wir im folgenden Kap. 4 behandeln.

Wie definiert das OSTO-Systemmodell die Transformationsprozesse, die sich im Inneren einer Organisation abspielen und essenzielle Bestandteile sind – gleichgültig, um welche Branche, welche Nation oder welche Organisationsform es sich handelt?

Wenn wir Organisationen beobachten, stellen wir fest, dass in ihrem Inneren eine ganze Reihe zentraler Kernprozesse ablaufen, die in jedem Fall stattfinden. Wir nennen diese Prozesse Kernprozesse, weil sie sich immer nach der Kernaufgabe der Organisation richten sollten – nämlich die Bedürfnisse der Kunden zu befriedigen, also den Existenzgrund zu erreichen. Heijo Rieckmann schreibt dazu[3]:

> „… der Begriff „Kernprozess" weist gleichsam in seiner Umkehrung auf die Tatsache hin, dass zwar in einem komplexen System natürlicherweise eine Unmenge von Prozessen ablaufen, dass aber diese gar nicht gemeint sind. Sie sind insoweit nur dann von Systeminteresse, wenn diese zur Erreichung der Ziele bzw. zur Sicherstellung des Existenzgrundes beitragen bzw. verdienen dann besondere Aufmerksamkeit, wenn sie dies erschweren oder behindern (wenn z. B. die „Pflege" der internen Intrigen fast die gesamte Kraft der Mitarbeiter bindet, so dass für den Markt und den Kunden nurmehr eine kleine Restmenge übrigbleibt)."

Die Prozessvariante erklärt die Umwandlung der Informationen aus Umwelt, Existenzgrund durch einen Transformationsprozess in Outputs. Dieser setzt sich aus drei zentralen Kernprozessen zusammen. Der Begriff „Kernprozess" soll dabei deutlich machen, dass nur solche Prozesse relevant sind, die den „Kern der Sache" treffen, d. h. die die Existenz des Unternehmens sichern (Abb. 3.2). Drei Kernprozesse[4] werden unterschieden:

- AKP – Aufgaben-Kernprozess,
- SKP – Sozialer Kernprozess,
- IKP – Individueller Kernprozess.

Sie umfassen den faktischen Wandel von Strukturen, Prozessen und Technologien (AKP) ebenso wie die Frage der Verhaltensweisen von Menschen mit ihren Einstellungen, Werten und Haltungen (IKP). Entscheidend wird dann die Frage, wie der Aufgaben-Kernprozess (AKP) mit dem Individuellen Kernprozess (IKP) verknüpft werden kann, so dass ein effizientes und effektives Miteinander in der Organisation entstehen kann (SKP). Was meinen die drei Kernprozesse ganz genau? Und wie machen sie sich bemerkbar? Das wollen wir nun näher betrachten.

---

[3] (Rieckmann 1997), S. 63.
[4] Vgl. https://de.wikipedia.org/wiki/OSTO-Systemmodell.

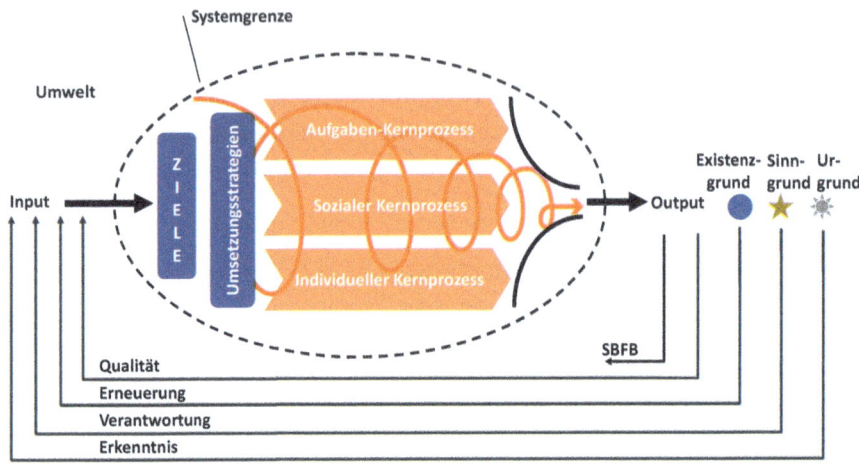

Abb. 3.2 Die drei Kernprozesse

3.5   Aufgaben-Kernprozess

Wirtschaftsunternehmen, Vereine, Behörden, etc. sind meist gegründet worden, weil einige Menschen unternehmerische Ideen haben, die sie nicht allein durchführen können und mit denen man etwas erreichen, etwas herstellen und verkaufen kann. Sie haben eine oder mehrere Aufgaben im Sinn, die sie durchführen möchten, um damit in der Regel einen finanziellen Erfolg zu erzielen. Es kann sich auch um sinnstiftende Aufgaben handeln, die man schon aus finanziellen Gründen besser zusammen durchführt.

3.5.1   Was gehört zum Aufgaben-Kernprozess?

Mit dem Aufgaben-Kernprozess (AKP) werden alle Aktivitäten, Kommunikationen, Handlungen etc. beschrieben, die in einer Organisation durchgeführt werden und die auf die Erstellung der Systemergebnisse (Output) ausgerichtet sind. Wir haben es nicht mit allgemeinen Aufgabenprozessen, sondern mit einem *Aufgaben-Kernprozess* zu tun. Für die Menschen in der Unternehmung sollte es keine anderen Prozesse geben, als die Kernaufgaben, die für die Kunden zu erfüllen sind.

Weil der Aufgaben-Kernprozess so wichtig für die Organisationen ist, wird immer an der Verbesserung des Ablaufs gearbeitet – sei es in einem technischen Arbeitsprozess oder bei der Frage der Zuordnung von Fachkräften in dem Prozess. Ein wesentlicher Teil der internen Arbeit am Aufgaben-

Kernprozess ist die Suche nach der sinnvollsten, auch technisch geschicktesten und günstigsten Art der Arbeitsweise.

Die Aufgaben-Kernprozesse haben sich über Jahrhunderte hinweg im Handwerk, im Handel, im Transport und der Landwirtschaft wenig verändert. Das hat sich mit der Industrialisierung bis heute in rasantem Tempo geändert und mit der Künstlichen Intelligenz einen neuen Schub bekommen. So ermöglichen Systeme der künstlichen Intelligenz und damit zusammenhängende Technologien oft eine Revolution und erfordern eine völlige Neugestaltung der Aufgaben-Kernprozesse. Das bedeutet für bestehende Unternehmen und Organisationen aller Art, herauszufinden, wie der Aufgaben-Kernprozess real abläuft und an welchen Stellen mit neuen Methoden und neuer Technologie die Kernprozesse verändert werden können: Dabei ist immer die Frage, ob der aktuelle Weg noch zeitgemäß ist oder ob sich bessere Alternativen finden lassen.

Hier engagieren sich viele Beratungsfirmen, weil die notwendige Kompetenz oft nicht von den Unternehmen selbst bereitgestellt werden kann, z. B. in Bezug auf die Unternehmensführung oder auf die Sammlung von Daten für die KI-technischen Transformationsprozesse.

Umbrüche, die die Veränderung des Arbeits-Kernprozesses notwendig machen, sind zu allen Zeiten vorgekommen – durch technische Entwicklungen, durch Kriege oder Veränderung in der Organisation, aber auch durch mögliche Fehleinschätzungen der wirtschaftlichen Lage durch die Unternehmensführung.

》Zum Aufgaben-Kernprozess gehören die Technik, die wirtschaftlichen Prozesse, die finanzielle Planung und Kontrolle, sowie Marketing, Personalplanung und Personalbetreuung.

3.5.2 Aufgaben-Kernprozess als Management Aufgabe

Es ist fast selbstverständlich, dass ein Großteil der Personalverantwortlichen einer Organisation sich damit beschäftigt, ob und wie das Personal in den Aufgaben-Kernprozessen eingesetzt werden kann, welcher Kollege gefördert werden und neue Aufgaben übernehmen soll, und welcher nicht. Das Nachdenken über erfolgreiche Teamzusammensetzungen gehört ebenfalls zum Managen des Aufgaben-Kernprozesses.

Dabei ist die Grundfrage immer: Mit welchen Menschen und ihren persönlichen Kernprozessen haben wir es zu tun? Welche Wirkungen können spezifische Charaktereigenschaften eines Menschen auf den Aufgaben-Kernprozess in einer Organisation haben? Mit dieser Frage werden wir uns beim Thema *„Individueller Kernprozess"* beschäftigen.

3.6 Individueller Kernprozess

3.6.1 Der Individuelle Prozess als Basis für den Individuellen Kernprozess

Jede Organisation lebt von den Persönlichkeiten, die dort arbeiten oder sogar Führungspersonen sind. Vor dem Eintritt in das Berufsleben liegt ein langer Weg, der in vielen Fällen gut betreut wird. Denn von der Wiege an werden die meisten Menschen Europas und der westlichen Welt in ihrem individuellen Prozess auf allen Ebenen geformt, gefördert, ausgebildet. Auch in anderen Erdteilen findet in unterschiedlicher Weise eine intensive Förderung des Individuums statt.

Jeder Mensch entwickelt eine Persönlichkeit und entfaltet eine Individualität, die einzigartig ist. In dieser Individualität hat jeder – wenn die Entwicklung weitgehend normal verlief – feststellen können, was ihm wichtig ist und woraus Kraft geschöpft werden kann. Es haben sich auch die Vorlieben für mögliche berufliche Schwerpunkte entwickelt. Sind die Interessen mehr auf mathematisch-technische Themen ausgerichtet, oder auf Sprachen, oder den Umgang mit Menschen? Sind die soziologischen, psychologischen oder medizinischen Themenstellungen für den Einzelnen von Bedeutung?

Diese Entwicklung, die Erfahrungen der Einzelnen und die Charaktere jedes Einzelnen führen zu dem, was in der Systemtheorie der Individuelle persönliche Prozess heißt (Abb. 3.3). Auf dieser Rekursionsebene betrachten wir das *„Ich"* einer Person als System. Was ist mir wichtig? Für wen bin ich da? Was habe ich für Gaben und Kompetenzen?

Die *„Ich"* Persönlichkeit ist eingebunden in Partnerschaft, Familie, Freunde, Hobbys, Eltern, Verwandte, in geistliche Gemeinschaft, Unternehmen und vieles mehr. Daraus entwickelt sich in der Regel eine Ansammlung an Themen, die dem Einzelnen wichtig sind, wie z. B. Wissen, Erfahrung, Werte, Stärken, Schwächen, Talente, Qualifikationen und vieles mehr …

In diesem individuellen Prozess entwickeln wir in Schule und Berufsausbildung eine Vorstellung, welchen Beruf wir ergreifen wollen und können. Für

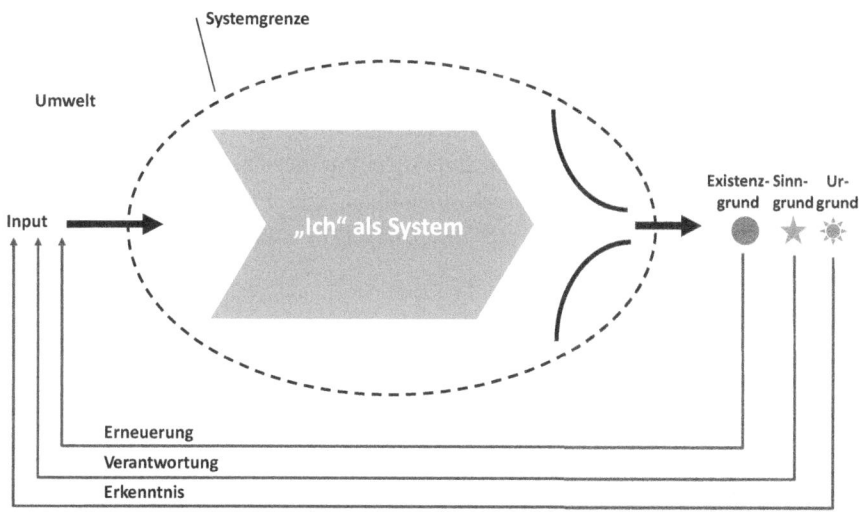

Abb. 3.3   Der persönliche Prozess als Basis des Individuellen Kernprozesses

viele junge Menschen ist die Berufswahl schon schwierig – und dann ist auch die Wahl des Arbeitsplatzes nicht leicht zu treffen:

> **»** *„Will und kann ich mich mit meinem persönlichen Prozess in die Organisation einbringen und dort mit meinem „Individuellen Kernprozess" einen Beitrag zum Erreichen des Existenzgrundes leisten?"*

Mit dieser unserer unverwechselbaren Persönlichkeit treten wir als Mitarbeiter in ein Unternehmen ein: Dort wird erhofft oder erwartet, dass jeder bald versteht, was sein Beitrag zum Unternehmenserfolg ist.

3.6.2   Woher kommt die Energie für den Individuellen Kernprozess?

Gefragt ist nun der persönliche Individuelle Kernprozess (IKP). Es geht also darum, mich an dem Aufgaben-Kernprozess auszurichten, in den ich mich als Persönlichkeit mit meinen Kompetenzen, Werten und Verhaltensweisen einbringe.

Mit dem Eintritt in eine Organisation bin ich als Person mit den Ansprüchen und Erwartungen der Organisation konfrontiert, denn es geht nicht mehr primär um mich, sondern um meinen Beitrag für die Organisation. Solange wir im Arbeitsprozess sind, wird der Individuelle Prozess zum Individuellen *Kern*prozess, denn es wird nur der Anteil meiner Persönlichkeit benötigt, der der Zielrichtung des Existenzgrundes der Organisation dient. Dabei wirken dann zahlreiche Faktoren auf das Individuum ein, an denen niemand vorbeikommt:

* Die Kompetenzen und Qualifikationen, die die Persönlichkeit mitbringt und die sie gerne einbringen möchte.
* Die Anforderungen der Organisation: Existenzgrund/Ziele, Geschäftsfelder, Strukturen, Rollen – Teamkonstellationen, die nicht immer den Wünschen des Mitarbeiters entsprechen.
* Unternehmenskultur/Spielregeln, die man in der Organisation vorfindet.
* Persönliche Faktoren wie Gesundheit, Alter, Familiensituation, Motivationsfaktoren, etc., die meine Arbeitseinstellung und -leistung als Mitarbeiter prägen.

Eine wesentliche Basis für alle diese Prozesse in einem System stellt die Energie (Arbeitskraft, Leistung) dar, die jeder einzelne Mensch im System bereit und in der Lage ist, für die Ziele der Organisation einzusetzen (Abb. 3.4).

Deshalb sprechen wir vom Individuellen *Kern*prozess, der immer zum Existenzgrund hin ausgerichtet sein sollte. Mit eigenen Vorstellungen gehen also Menschen an ihren (neuen) Arbeitsplatz und stellen fest, dass vieles nicht so ist, wie sie dachten. Wenn es dort gut läuft, stellen die neuen Mitarbeiter fest, dass viele der Kollegen sich in die gleiche Zielrichtung bewegen – unabhängig von der Aufgabe, die sie haben. Idealerweise können die „Neuen" den Existenzgrund der Organisation mitgehen und finden sich als Persönlichkeit und auch in ihrer Fachlichkeit in der jeweiligen Organisation zurecht. In diesem Fall passt der Individuelle Kernprozess für die gegebene Aufgabe optimal.

Es kann auch sein, dass sich die gut ausgebildeten Mitarbeiter mit ihrem persönlichen Individuellen Prozess und in ihrer Fachlichkeit nicht wertgeschätzt und am richtigen Platz fühlen – dann haben wir es mit einem Individuellen Prozess zu tun, dessen Beitrag zum Existenzgrund nicht ganz klar ist und aus dem kein signifikanter Beitrag für den Individuellen Kernprozess entsteht.

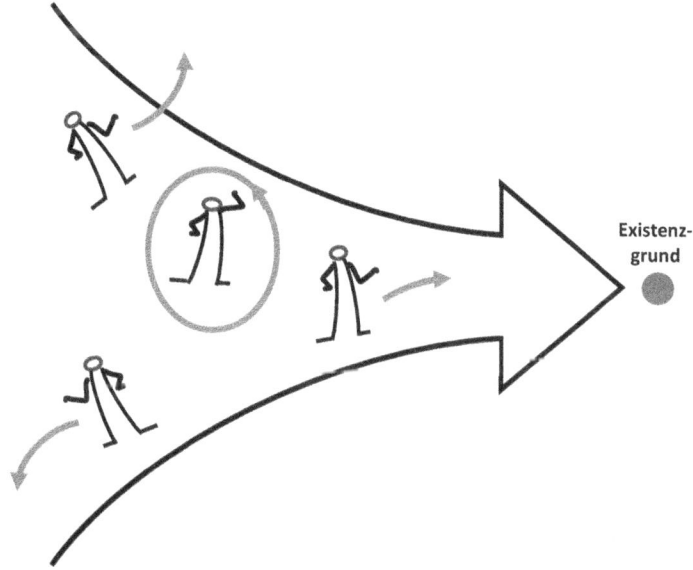

Abb. 3.4   Energie für den Individuellen Kernprozess

3.6.3 Individueller Kernprozess als Managementaufgabe

Die Individuellen Kernprozesse der Mitarbeiter eines Betriebes können nur dann den richtigen Beitrag zum Ganzen bringen, wenn sie an der für sie richtigen Stelle eingesetzt werden – und das ist bekanntermaßen nicht einfach.

Wie oben schon erwähnt ist die Gestaltung der Aufgaben für Mitarbeiter und Verantwortliche nicht leicht von Personalabteilungen und -verantwortlichen durchzuführen. Sie ist eine der wichtigsten Management-Aufgaben im Unternehmen. Bei der Einstellung von Führungskräften und Mitarbeitern ist bekannt, was in den Bewerbungsunterlagen steht, wie der Mensch sich im Einführungsgespräch verhalten hat und welcher Grad an Ausbildung vorliegt. Auf dieser Basis stellen sich dann Fragen:

- Ist die Firmenkultur, die Arbeitsweise, der Existenzgrund wirklich das, was zu dem Mitarbeiter passt?
- Wie intensiv kann der Mitarbeiter arbeiten? Welche Ausdauer hat er/sie?
- Wie flexibel stellt der/die Neue sich auf Dienstreisen, schwierige Autofahrten, unbekannte Kunden ein?
  Wie intensiv bringt er/sie sich in die Netzwerke der Organisation ein?

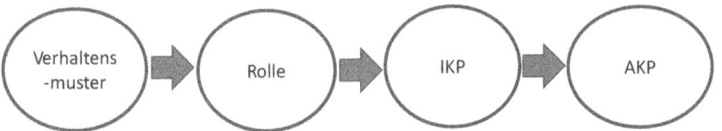

Abb. 3.5 Auswirkungen von Verhaltensmustern auf den Aufgaben-Kernprozess

Die Frage, welche Art von Mitarbeitern und Führungskräften zu der jeweiligen Organisation passen, bleibt daher für die Personalverantwortlichen und für Führungskräfte immer spannend. Dabei wirken sich die individuellen Verhaltensmuster immer auf die Art und Weise aus, wie die Rolle in der Organisation ausgeübt wird. Das hat Auswirkungen auf den Individuellen Kernprozess und Konsequenzen für den Aufgaben-Kernprozess (Abb. 3.5):
Dazu einige Beispiele:

- Das *Verhaltensmuster „Neugierig auf Neues"* wirkt sich in der spezifischen *Rolle* in einer Organisation meist durch hohe Kreativität aus. Es kann aber beim Individuellen Kernprozess *(IKP)* zu einer Flucht aus Routine-Arbeiten führen. Das wiederum enthält das Risiko, dass die Jobs des Aufgaben-Kernprozesses *(AKP)* zu Qualitätsproblemen führen, weil Aufgaben nicht vollständig ausgeführt werden.
- Das *Verhaltensmuster „Gelassen und Routine"* zeigt sich in der wahrgenommenen *Rolle* oft als „Fels in der Brandung". Im Individuellen Kernprozess *(IKP)* äußert sich das durch einen guten Überblick und großer Konstanz des Arbeitens. Die Kehrseite davon ist, dass solche Mitarbeiter oft Probleme haben, notwendige Veränderungen des Aufgaben-Kernprozesses *(AKP)* anzunehmen oder umzusetzen.
- Ein weiteres Verhalten ist das Muster: *„Rennt los, wenn die Aufgabe klar ist."* Diese Rolle als Treiber von Projekten und Maßnahmen ist für eine Organisation sehr wertvoll. Oft haben solche Menschen schnelle Erfolge, hängen aber nicht so gerne an Details. Für den Aufgaben-Kernprozess hat das zur Folge, dass sie vor lauter Engagement leicht wichtige Aspekte übersehen.
- Ein anderes Muster ist das Verhalten: *Ich brauche positiven Stress, um Leistung zu bringen.* Solche Mitarbeiter sind in der Rolle des Krisenmanagers unersetzlich. Sie laufen in der Krise zu Hochformat auf. Ihr Individueller Kernprozess kommt aber schnell in die Krise, wenn die Krise weg ist. Im Aufgaben-Kernprozess bleiben dann vor allem die notwendigen „normalen" Tätigkeiten liegen.

Die persönlichen Verhaltensmuster zeigen sich also immer in der wahrgenommenen Rolle im Unternehmen und haben Auswirkungen auf die Qualität des Individuellen Kernprozesses und damit zwangsläufig auch auf den Aufgaben-Kernprozess.

3.7 Sozialer Kernprozess

Wenn wir vom Sozialen Kernprozess reden, dann haben wir es mit der wesentlichen Besonderheit des OSTO-Systemmodells zu tun. Es ist deutlich geworden, welche Rolle der Existenzgrund, die Ziele und Umsetzungsstrategien in einer Organisation haben. Welche Bedeutung das richtige Personal für die gestellten Aufgaben hat, haben wir beim Individuellen Kernprozess behandelt. Im Alltag eines Betriebes müssen Menschen immer zusammenarbeiten – es ist der tägliche Regelfall. Das gilt für alle Arten von Organisationen. Es geht also um die Effizienz und Effektivität der Zusammenarbeit.

Beispiel Stahlunternehmen: In Westfalen gibt es Eisenvorkommen. Seit der Erfindung der Stahlproduktion im 19. Jahrhundert hat man dort aktiv daran gearbeitet und Stahl produziert – und das geschieht bis heute. Das Tal mit dem Stahl-produzierenden Unternehmen ist lang und aus der Luft schwer zu erkennen. Es ist ein schmales Tal und steht nur in der geringen Breite für die Herstellung von Stahl zur Verfügung – aber es erstreckt sich über mehrere Kilometer. Daher konnten und können sich die Stahl-produzierenden Unternehmen nur in der Länge ansiedeln und dort ihre verschiedenen Produktions-Abteilungen aufbauen. Ende der achtziger Jahre waren in Deutschland gute Jahre in der Stahlproduktion und der Anspruch war, in großer Menge Qualitätsstahl zu entwickeln und zu produzieren. Das passierte auch in dem Stahlwerk, in dem wir als Berater engagiert waren. Die geografische Lage führte zu großen Verständigungsproblemen zwischen den einzelnen Abteilungen und damit auch zu Qualitätsproblemen. Denn eine Abteilung wusste auf Grund der räumlichen Entfernung der anderen Abteilungen nicht die Mengen, die Qualität, sowie die Tops und Flops aus den einzelnen Abläufen. Die Lösung war es, in kurzen Abständen Teamgespräche einzuführen, um gegenseitig auf dem Laufenden in der Produktion zu bleiben. Da trafen sich nun Verantwortliche aus Arbeitsbereichen, die sich kaum kannten, oder sich auch nicht unbedingt mochten: Sie haben über ihre Produktions- und Lagerbestände gesprochen und diese aneinander angepasst. Sie haben über ihre Qualitäts-

Erfolge aber auch Misserfolge gesprochen und sich gegenseitig mitteilen müssen, weshalb z. B. Verzögerungen zu erwarten sind. Das ist hart in einer Branche, die hervorragende Komponenten und Lösungen aus Edelstahl herstellt und sich damit rühmt, dass ihre Stähle unter härtesten Bedingungen eingesetzt werden können.

3.7.1 Effizienz und Effektivität des Sozialen Kernprozesses

» *Im Sozialen Kernprozess arbeiten die Menschen einer Organisation effizient und effektiv in Richtung der Unternehmensziele und des Existenzgrundes (Abb. 3.6).*

Heute gehört es in allen Unternehmen zum Alltag, Arbeitsgruppen zusammenzustellen, weil man sich davon erhofft, dass die komplexen Arbeitsprozesse dann besser miteinander harmonieren. Die Voraussetzung dazu ist aber, dass alle Teams die Aktivitäten auf den Existenzgrund des Unternehmens ausrichten. Dieses Bewusstsein ist bei vielen Organisationen allerdings nicht

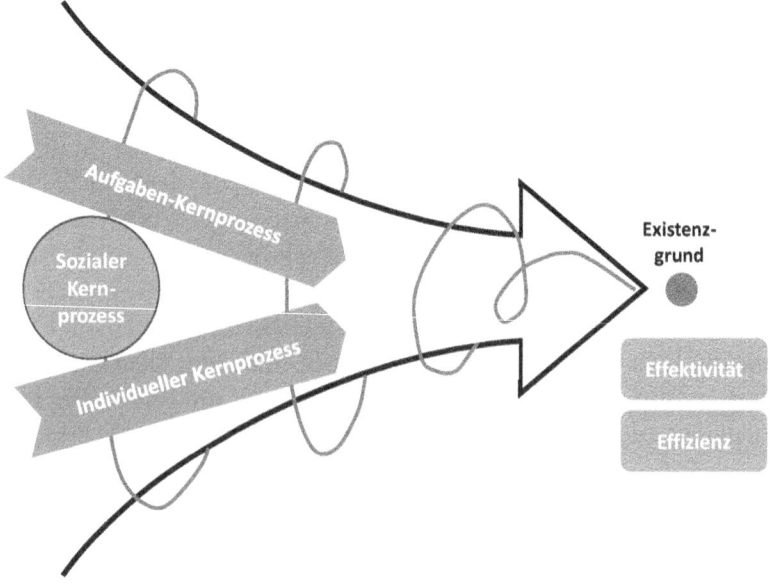

Abb. 3.6 Der Soziale Kernprozess

ausreichend vorhanden und daher wird dann in Teamsitzungen über vieles geredet, aber häufig ohne Erfolg, weil das gegenseitige Verstehen im Vordergrund steht und nicht die Ziele der Organisation.

Es geht immer darum, dass mit dem gemeinsamen Verständnis die Prozesse in den Gruppen und Abteilungen reibungsloser vonstattengehen. Der Individuelle Kernprozess und der Aufgaben-Kernprozess werden durch den Sozialen Kernprozess so verbunden, dass sich in der Zusammenarbeit Synergieeffekte ergeben. Die Effizienz[5] (die Dinge richtig tun) und Effektivität[6] (die richtigen Dinge tun) einer Organisation wird dadurch erhöht.

Der „Soziale Prozess" ist überall notwendig und überall zu finden – in der Kirche, wie in der Politik oder in internationalen Netzwerken. Er findet immer statt. Aber daraus wird kein „Sozialer Kernprozess", solange die Teilnehmer sich nicht nach einem vorgegebenen Existenzgrund ausrichten, der vielleicht noch gar nicht präzise beschrieben ist. Das funktioniert aber meistens nicht von allein, sondern benötigt zuerst die Einsicht der Führungskräfte, wie „wertvoll" für das ganze Unternehmen die auf den Existenzgrund abgestimmte Zusammenarbeit der Mitarbeiter sein kann.

Eine abgestimmte und gewinnbringende Zusammenarbeit ergibt sich häufig nur dann, wenn man einige „Werkzeuge" kennt, von denen einige in den nächsten Schritten erläutert werden:

* Bedeutung der Teamentwicklungsphasen
* Das Fünf-Ohren-Modell
* Stärken-Schwächen Diagnose mit dem JoHaRi Fenster

3.7.2 Bedeutung der Teamentwicklungsphasen

Ein Schlüssel für einen guten Sozialen Kernprozess ist die Qualität der Zusammenarbeit in Teams. Oftmals möchten sich Teams direkt mitten in die Arbeit stürzen, damit man schnell fertig wird. Wenn Teams auf diese Weise vorgehen, stellen sie fest, dass das in der Regel nicht zum Ziel führt. Warum?

Es gibt erforderliche Wachstumsschritte, die wir Menschen individuell oder auch als Gruppe benötigen, wenn wir effektiv und effizient zusammenarbeiten wollen.

---

[5] Von Effizienz spricht man dann, wenn man ein gewünschtes Ziel in möglichst kurzer Zeit mit möglichst geringem Aufwand erreicht wird.

[6] Effektivität ist dann gegeben, wenn die Handlungen auf den Existenzgrund ausgerichtet sind.

Wenn wir bestimmte Entwicklungsschritte einer Gruppe nicht zulassen, werden wir in der Regel Schiffbruch erleiden: Dann verlassen die Beteiligten am Ende das Treffen und sind mit Recht der Meinung: *„Das war wieder einmal nichts – so eine Teamsitzung ist Zeitverschwendung".*

Wir Menschen benötigen einige Phasen der Teamentwicklung, die es uns ermöglichen vertrauensvoll und zielgerichtet miteinander arbeiten zu können. Dazu hat Tuckmann ein Phasenmodell entwickelt.[7] Die Kenntnis über dieses Phasenmodell hat sich bis heute sehr wenig in Unternehmen durchgesetzt – vermutlich, weil es nur in sozialen, pädagogischen oder psychologischen Ausbildungen gelehrt wird. Betriebswirte, Ingenieure und IT-Fachleute – die meist die Führungskräfte sind – haben häufig nicht viel oder gar nichts über das Lebewesen Organisation gehört. Immer noch wird eine Organisation häufig gedacht, gelehrt und praktiziert wie eine Maschine: z. B. mit Kästchen für Abteilungen und Themenbereichen. Es ist für Führungskräfte und die Menschen, die in Gruppenarbeit involviert sind, notwendig diese Teamphasen zu kennen, um gute Ergebnisse in der Zusammenarbeit zu erreichen (Abb. 3.7).

Phase 1: Eingangs- und Orientierungsphase
Es braucht so etwas, wie eine Kennenlernphase, in der wir die Verhaltensweisen Einzelner erleben. In dieser Phase geht es um das „unbewusste Be-

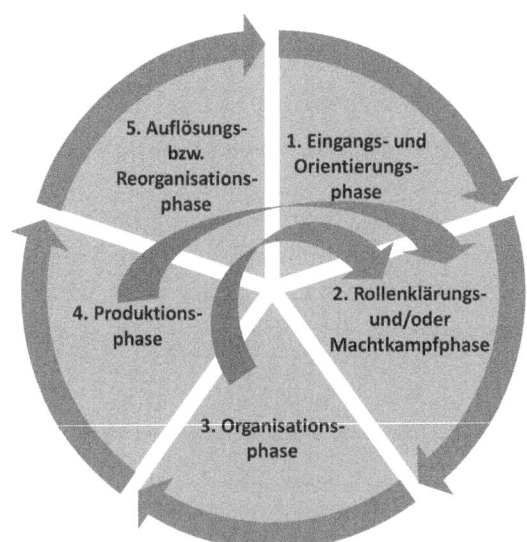

Abb. 3.7 Team-Entwicklungsphasen (Nach: Tuckman 1965)

---

[7] Bruce Tuckman: https://de.wikipedia.org/wiki/Bruce_Tuckman. Er hat das Phasenmodell zwischen 1965 und 1977 entwickelt.

schnuppern" anderer Personen: Das kommt bei fast allen Menschen bei der ersten Begegnung mit anderen vor – im Alltagsleben sowie im Freundes- und Familienkreis. Wir konnten in vielen Seminaren feststellen, dass diese Phase im Falle des ständigen Zusammenarbeitens nicht lange dauert: Nach etwa 24 h haben wir so etwa ein Gefühl, welche wesentlichen Fähigkeiten und Schwächen unser Gegenüber hat. Diese Phase läuft ganz nebenbei ab – während der Diskussion eines Themas, bei der Festlegung der Tagesordnung: Dabei machen wir die ersten wichtigen Erfahrungen miteinander. Es gibt viele Unsicherheiten über Rollen, Aufgaben und Erwartungen. Mittlerweile findet die Kommunikation häufig über Messaging-Tools oder Video-konferenzen statt – das ist eine weitere Erschwernis.

Phase 2: Rollenklärung und/oder Machtkampfphase
Nach der Orientierungsphase sollte ein Team die Rollenklärungsphase durch-laufen, in der auch die Machtverteilung zu klären ist. Häufig kommt es dabei zu Machtkämpfen zwischen einigen Teammitgliedern, wer was und wieviel zu sagen hat. Die Phase ist für fast alle Menschen und Arbeitsgruppen unan-genehm. Konflikte und Meinungsverschiedenheiten treten immer auf, wenn die Teammitglieder versuchen, ihre Positionen und Rollen zu klären.

Es ist dabei wichtig, eine offene Kommunikation zu fördern, um Missver-ständnisse zu klären. Schweigende Teilnehmer können in dieser Phase zu einem großen Hindernis werden. Manchmal üben Teammitglieder ihre Macht durch Schweigen aus. Die Beteiligten in einer Gruppenarbeit können manchmal selbst nicht glauben, dass sie als Beteiligte in einer Gruppenarbeit Machtkonflikte „durchspielen", obwohl das Thema möglicherweise gar nicht so wichtig ist.

In der Rollenklärung und/oder Machtkampfphase kann es sein, dass mehrere Personen das letzte Wort in einer Gruppe haben wollen. Es könnte auch sein, dass die Teilnehmer feststellen: Die mit der Führung beauftragte Person hat gar keine Führungsbegabung. Hier haben wir eine der Ursachen für das häufige Misslingen von Teamarbeit. Erst wenn man sich auf eine Person geeinigt hat und diese Person selbst damit einverstanden ist, das letzte Wort zu haben, kann die Arbeit beginnen. Und diese Phase kann immer wieder im gesamten Teamentwicklungsprozess auftauchen – mög-licherweise, wenn ein neues Mitglied in die Arbeitsgruppe kommt oder je-mand nicht dabei sein kann. Was man beobachten kann, ist, dass nach einer gelungenen Machtkampfphase die gemeinsame Arbeit besser vorwärts geht.

Das Phasenmodell ist also kein mathematisches Modell. Die zeitliche Dauer der einzelnen Phasen ist nicht vorhersehbar. Es ist vielmehr ein psycho-logisches Modell, das Gesetzmäßigkeiten für jede Art von Teamentwicklung aufzeigt. Dabei gibt es viele Möglichkeiten in den nachfolgenden Phasen 3 und 4 wieder in die Machtkampfphase zurückzufallen.

Phase 3: Organisationsphase

In der Organisationsphase der Teamentwicklung erwarten Arbeitgeber und Beteiligte oft schon zu Beginn eines Arbeitsgruppentreffens Ergebnisse. Alle sind enttäuscht, dass die Vorlaufzeit zur „Findung" eines Teams so lange dauert und die Teamorganisation nicht stabil bleibt. In diesen Vorlaufphasen zu einem echten Team verliert man schnell die Geduld – außer man kennt die soziologische Entwicklung und vertraut auf den echten „Mehrwert" der Zusammenarbeit, der in der nachfolgenden Produktionsphase zu erwarten ist.

In der Organisationsphase ist es entscheidend, dass sich das Team bei seinen Planungen auf den Existenzgrund ausrichtet und nicht die Wünsche und Erwartungen der einzelnen Teammitglieder im Vordergrund stehen.

Die Organisationsphase umfasst also die auf den Existenzgrund ausgerichtete Planung der Zusammenarbeit. Dabei sollte jeder möglichst eine Rolle übernehmen, die zu seinem Profil passt. Hier geht es also um die Arbeitsplanung von eingespielten Teams in Richtung Existenzgrund. Es gilt, die Teamarbeit nicht nach den eigenen Wünschen zu planen, sondern genau zu verstehen, welche Themen die Organisation bearbeiten muss, um den Existenzgrund zu erreichen. Es geht also immer um eine Planung für das Erreichen der Kundenerwartungen und -wünsche.

Phase 4: Produktionsphase

In dieser Phase kann nun endlich die Arbeit oder Produktion aufgenommen werden. Und es gibt die erforderlichen und zukunftsweisenden Ergebnisse, die man erhofft hat. Wenn die vorangegangenen Schritte gut durchlaufen wurden, erntet ein Team in dieser Phase eine hohe Effizienz, die auf den Existenzgrund ausgerichtet ist.

Ernüchternd ist für alle, die in Teams arbeiten, dass schon ein Urlaubs- oder Krankheitstag die Produktionsphase wieder ausheben kann, weil eine Person fehlt oder eine Neue hinzukommt: Da sind wir als Arbeitsgruppen sehr sensibel – und fangen mit den Phasen in der Teamentwicklung wieder von vorne an. Trotz dieser ernüchternden Einschränkung gibt es für zeitgemäße Arbeitsabläufe in allen Branchen keine bessere Möglichkeit, als die beteiligten Menschen miteinander ins Nachdenken über die Arbeitsweise, Arbeitsprobleme, Arbeitserfolge und Arbeitsergebnisse zu bringen.

Phase 5: Auflösungs- bzw. Reorganisationsphase

Und dann wird es etwas realistisch: Ein Projekt geht zu Ende, ein Thema ist gelöst – man muss sich aus zeitlichen oder thematischen Gründen voneinander verabschieden – wie wird es beim nächsten Treffen weitergehen?

Ein Team hat in der Regel zeitliche- oder thematische Begrenzungen und wird dann in die Phase 5 zur Auflösung oder Reorganisation übergehen. Tuckmann hält diesen Auflösungs- und Verabschiedungsprozess für einen wichtigen Meilenstein von Teamentwicklung: In der Verabschiedung kann noch einmal die gegenseitige Wertschätzung der Mitglieder ausgesprochen werden. Im besten Fall kann hier eine gute Zusammenarbeit in einem anderen Thema vorbereitet werden.

Tuckman hat dieses Modell physikalisch an einem Ort gedacht.[8] Es ist heute nicht mehr so häufig, dass Arbeitsgruppen an einem Standort zusammenkommen können. Stimmt das Modell auch bei der Nutzung von digitalen Tools wie Zoom oder Teams?

In Zeiten von Corona konnten wir viele Erfahrung mit Online-Teams sammeln, die regelmäßig zusammenkommen. Es dauert online sicher länger, bis die Eingangsphase und die Rollenklärung erfolgt ist und das Team sich organisiert hat. Dann erst kann eine effiziente Arbeit – die Produktionsphase – anfangen. Voraussetzung dafür ist, dass sich eine feste Gruppe über einige Zeit regelmäßig trifft. Erst dann kann dort der oben beschriebene Prozess stattfinden. Die Teamentwicklungsphasen für Online-Teams folgen im Allgemeinen dem Modell von Tuckmann, das auf den oben beschriebenen fünf Phasen beruht. Für Online-Teams können aber spezifische Herausforderungen bestehen, die spezielle Maßnahmen erfordern, wie z. B. regelmäßige virtuelle Teambuilding-Aktivitäten, klare Kommunikationsprotokolle und die Nutzung geeigneter Technologien zur Unterstützung der Zusammenarbeit. Hier ist aber sorgfältig zu beobachten, wie sich das Team und der zu bearbeitende Inhalt verändern, wenn ein Mitglied des Teams fehlt oder ersetzt wird.

3.7.3 Das Fünf-Ohren-Modell

Aus verschiedenen Blickwinkeln haben einzelne Autoren sich mit Themen beschäftigt, die bei der Gruppen- oder Teamarbeit eine Rolle spielen: Ging es bei Tuckman um das Lebewesen *„Team"* als Ganzes, legt Friedemann Schulz von Thun[9] die Frage nahe, wie denn eine gelungene Gruppenarbeit funktioniert und was uns daran hindert, dass Kommunikation gelingt und die Zu-

---

[8] https://www.jedes-team-ist-anders.de/blog/tuckman-lag-mit-phasenmodell-und-teamuhr-falsch.
[9] https://de.wikipedia.org/wiki/Friedemann_Schulz_von_Thun.

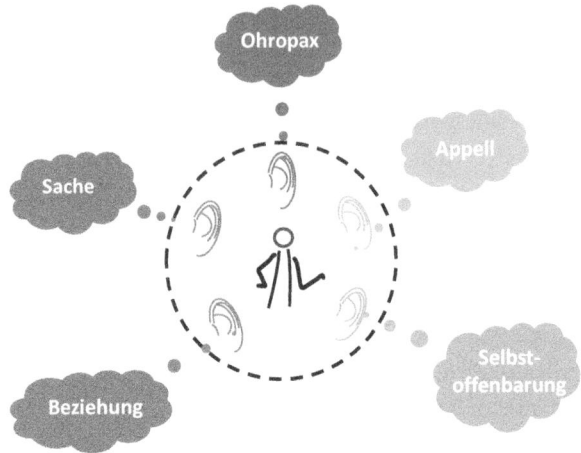

Abb. 3.8 Das Fünf-Ohrenmodell

sammenarbeit Ergebnisse bringt: Dabei gibt es verschiedene Möglichkeiten der Kommunikation, die Schulz von Thun in einem Vier-Ohren-Modell beschreibt. Wir haben dieses Modell um ein Ohr zu einem *Fünf-Ohren-Modell* erweitert (Abb. 3.8).

Kommunikation hat immer einen Sender und einen Empfänger, der mit einer Aussage auf unterschiedliche Weise umgehen kann. Es gibt vier Ebenen, auf denen man eine Botschaft senden kann:

- auf der Sachebene,
- auf der Beziehungsebene,
- als Selbstoffenbarung,
- oder als Apell.

Nun gibt es aber fünf Möglichkeiten, eine Aussage zu empfangen. Die erste Möglichkeit ist es, den Sender so zu verstehen, wie er es gemeint hat. Es gibt aber drei weitere Möglichkeiten ihn anders zu verstehen, als es gemeint war. Und dann gibt es noch die Möglichkeit, einfach nicht zuzuhören. Es wäre schön, wenn es bei den vier Ohren von Schulz von Thun bleiben würde: Die Realität zeigt, dass wir manchmal ein weiteres Ohr haben – das „fünfte Ohr". Es ist das sogenannte „Ohropax Ohr", das wir alle kennen: Es heißt nicht unbedingt, dass wir nicht mehr hinhören wollen. Es kann auch sein, dass ein Empfänger nicht mehr alles aufnehmen kann, was er hört oder wahrnimmt. Es kann auch ein Thema sein, das man nicht kennt, nicht versteht und deshalb nicht hinhört. Das kann jedem Menschen passieren und muss nicht willentlich sein – aber das bewusste Weghören gibt es natürlich auch. In der Teamarbeit kommt das Ohropax Ohr dann vor, wenn die Informationsflut zu groß war und nicht alles behalten werden konnte.

Die fünf Varianten des Empfangens einer Nachricht machen zwischenmenschliche Kontakte spannend, aber auch spannungsreich und anfällig für Störungen. Im Laufe der Zeit kann man die unterschiedlichen Hörweisen der Gesprächspartner in der Gruppe besser einschätzen. Wenn alle Teilnehmer verstehen, dass dadurch ungewollte Missverständnisse entstehen können, die in der Teamarbeit sogar zu unüberwindbaren Blockaden führen, lassen sich solche Konflikte vermeiden.

Nehmen wir an, ein Ehepaar isst zu Mittag – der Mann hat gekocht. Sie beginnen zu essen. Sie sagt: *„Das Salz fehlt"*. Es gibt nun fünf verschiedene Arten mit dieser Aussage umzugehen:

* Auf der Sachebene meint es: „Das Salz fehlt – ich hole es."
* Auf der Beziehungsebene kann es heißen: „Du kannst halt nicht kochen!"
* Als Selbstoffenbarung heißt es vielleicht: „Ich hätte es besser gekonnt."
* Als Apell: „Lern doch endlich richtig kochen!"
* Als Ohropax-Ohr: Ich schalte auf „Durchzug" und höre gar nichts.

Je nach dem Verständnis eines kleinen Satzes, kann die Stimmung in einem Team positiv sein und zum Erfolg führen oder eben das Gegenteil.

3.7.4 Umgang mit Feedback

Seit vielen Jahrzehnten wird in fast allen Arbeitsbereichen darum gebeten, dass die Beteiligten ein Feedback zu einer Sitzung oder einer Zusammenarbeit geben. Das Feedback bedeutet, dass nach der Meinung der Teilnehmer über das Geschehene gefragt wird – sei sie positiv oder negativ.

Dabei ist die Voraussetzung, dass man die Vorgehensweise des Feedbacks, sei sie sachlich oder emotional, anspricht. Aber es darf unter gar keinen Umständen ein Teilnehmer diffamiert werden. Feedback muss sich möglichst auf die Wirkung beschränken, die ein Teilnehmer auf den Feedbackgeber hat (Abb. 3.9).

Diese Achtung vor dem Anderen drückt sich darin aus, dass jeder Feedbackgeber die Wirkung des Gesagten auf ihn selbst mitteilt, z. B. *„Das Thema XY ist für mich so vorgetragen worden, dass ich es verstanden (oder auch wenig verstanden) habe"*. Es sollte nichts über die Handlung oder die Funktion einer Person gesagt werden, z. B. *„Du hast Dich aufgeführt, als ob Du die Funktion*

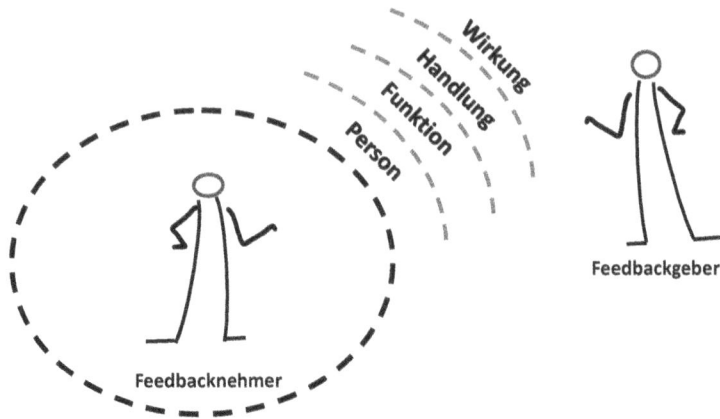

Abb. 3.9 Umgang mit Feedback

des Chefs gehabt hättest". Völlig unangemessen wäre es zu sagen: *„Du als Person hast einen Charakter, der passt da überhaupt nicht hin"*. Noch vorsichtiger sollte man sich in Online-Feedbacks verhalten, weil man die Reaktion des anderen noch schlechter abschätzen kann als in einem Live-Meeting. Für alle Feedbacks, die man einzeln und in Gruppen gibt, gilt es einige einfache Regeln, die man sich immer wieder in Erinnerung rufen sollte:

- Ein Feedback sollte immer beschreibend und nicht interpretierend sein.
- Ein Feedbackgeber sollte über die eigene Reaktion auf das Verhalten des anderen sprechen. Deshalb ist es wichtig, direkt in Ich-Form zu sprechen und das Feedback zeitnah zu geben, so dass der andere sich auch noch daran erinnern kann.
- Ein Feedback darf keine Änderung der anderen erzwingen.
- Schließlich ist es wichtig, immer mit einem positiven Feedback anzufangen. Wenn einem dazu nichts einfällt, ist es oft besser das negative Feedback zurückzustellen und zu warten, bis man auch positive Aspekte beim anderen erkennt und diese dann auch als erstes nennen.

Vorsicht ist geboten, wenn das Feedback an Teilnehmer aus dem asiatischen Raum geht. In vielen dieser Kulturen ist Feedback ziemlich unbekannt. Es ist daher ratsam, sich zunächst auf positives Feedback zu beschränken.

» *Bedenke beim Feedback: Es gibt niemand, der so ist, wie man ihn gerne haben möchte.*

Für den Feedbackempfänger ist das Wichtigste, nicht gleich zu reagieren und sich zu verteidigen. Auch nicht in der Form: *„Ich habe das doch ganz anders gemeint …"* Es geht darum, einfach zuzuhören, und in Ruhe darüber nachzudenken. Völlig legitim ist es aber, dem anderen mitzuteilen, wie es einem mit dem Feedback geht, z. B.: *„Das hat mich jetzt aber sehr getroffen"*. Ein kleines Dankeschön für das Feedback ist immer gut, auch in Fällen, in denen einem das schwer fällt. Wenn man das Gefühl hat, dass der Andere die Feedbackregeln verletzt und man sich als Person angegriffen fühlt, ist es völlig angemessen, den anderen zu bitten, keine weiteren Ausführungen zu machen, z. B.: *„Das wird mir jetzt zu viel, können wir ein anderes Mal darüber reden?"*.

Viele Führungskräfte kennen zwar Feedbackkultur durch Trainings und Seminare, zögern aber, Feedbackrunden in der eigenen Organisation einzusetzen oder haben kein Interesse an langwierigen Feedbackrunden, die dann ja auch Aussagen über die eigene Person enthalten. Damit verschenken sie sich die Chance, dass mehrere Menschen sich in das Innere einer Organisation eingebunden wissen und sich für deren Existenzgrund und Ziele engagieren.

Dabei wäre es so einfach, pro Stunde eines Meetings fünf Minuten Feedback anzusetzen, also bei einem dreistündigen Meeting wären das 15 min Feedback. Drei einfache Fragen helfen:

Was war gut? Was war schlecht? Was sollten wir das nächste Mal besser machen? Oder: Was sollten wir unbedingt beibehalten? Womit sollten wir sofort aufhören? Was sollten wir neu anfangen?

Manchmal entsteht in Feedbackrunden Schweigen. Das gilt es dann als Meeting-Leiter auszuhalten und nicht vorzeitig abzubrechen. Das ist nicht immer einfach. Wenn man den Mut hat, kann man dann mit den Worten das Meeting beenden: *„Was würde dieses Schweigen sagen, wenn es reden könnte?"*

3.7.5 Teamentwicklung mit dem Johari-Fenster

Mit einem weiteren Tool kann man das Miteinander in Organisationen vertiefen und leichter die Fähigkeiten der Einzelnen entdecken (Abb. 3.10). Die Teamarbeit geht dann leichter voran, wenn man genauer weiß, mit welchen Persönlichkeitstypen man es im Team zu tun hat.

Es geht in keiner Weise darum, andere zu beurteilen oder einzuordnen, sondern zu verstehen, aus welcher Perspektive ein anderer seinen Beitrag einbringt.

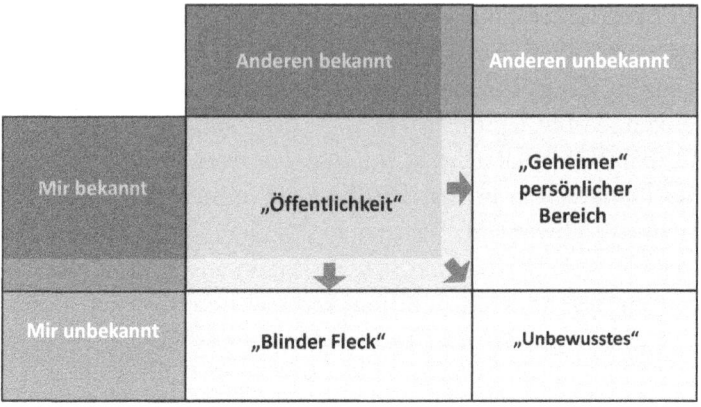

Abb. 3.10 Johari-Fenster

Beim Johari-Fenster[10] gibt es vier Bereiche, in denen man sich selbst und auch die Gruppenmitglieder beschreiben und einschätzen kann:

• Öffentlichkeit: Was ist mir und anderen über mich bekannt?
• Was ist mein geheimer, privater Bereich, der niemandem bekannt sein sollte, außer mir.
• Was ist mein „Blinder Fleck"? Was weiß ich nicht über mich, aber die Anderen wissen es?
• Das Unbewusste: Was ist weder mir noch Anderen bewusst?

Das Johari-Fenster empfiehlt sich für Teams, die sich schon eine Weile kennen, sich aber persönlich nicht zu nahe sind. In der Übung des Johari-Fensters berichtet jeder selbst über seine Stärken und Schwächen, soweit er sie mitteilen will. Die Teilnehmer der Gruppe berichten ebenso über sich – aber auch über die anderen Mitglieder. Häufig wird von den anderen etwas über den eigenen blinden Fleck offengelegt, was man noch nicht wusste. Der vermeintlich „Geheime Bereich" kann von anderen oft besser eingeschätzt werden, als man dachte.

Diese Übung muss mit großer gegenseitiger Achtung durchgeführt werden – in der persönlichen Anerkennung des Gegenübers: Diese Haltung, ist die Voraussetzung für ein zukunftsweisendes Miteinander. Dabei empfiehlt es sich, dass zunächst alle Teilnehmer für sich alleine die Stärken und Schwächen der eigenen Person und die der anderen Personen im Team aufschreiben.

---

[10] Das Johari-Fenster ist benannt nach den beiden Psychogen Joseph Luft und Harry Ingham (Luft und Ingham 1955).

Anschließend ist es sinnvoll, dass jeweils ein Teilnehmer die Feedbacks aller anderen aufnimmt – ohne zu kommentieren. Wenn dabei etwas genannt wird, was ich selbst meinem geheimen Bereich zugeordnet habe, dann muss ich diese Aussage in den öffentlichen Bereich verschieben. Und wenn ein Begriff genannt wird, der in meinen Aufzeichnungen weder in öffentlichen noch im geheimen Bereich steht, dann ist es ein „blinder Fleck" von mir.

In einer Umgebung, in der das gegenseitige Vertrauen noch nicht so hoch ist, kann das Johari Fenster auch nur mit den positiven Eigenschaften, also den Stärken durchgeführt werden. Das empfiehlt sich vor allem im asiatischen Raum. Wir haben es da in Führungsrunden erfolgreich eingesetzt und es hat das Eis zwischen den Führungskräften gebrochen.

3.7.6 Sozialer Kernprozess auf der Organisationsebene

Bisher haben wir die Frage nach dem Sozialen Kernprozess in erster Linie auf der individuellen und der Team-Ebene betrachtet. Wir wollen nun eine Rekursionsebene höher gehen und einige Effekte auf der Organisationsebene betrachten.

Ein größeres Organisationssystem enthält immer Subsysteme, die innerhalb des Unternehmens eine gewisse Eigenständigkeit aufweisen. Dies können verschiedene Abteilungen sein (z. B., HR-, IT-, oder Finanzabteilungen) oder auch einzelne Gruppierungen, die sich aufgrund von anderen Gemeinsamkeiten abteilungsübergreifend bilden (z. B., Rauchergruppen, die gemeinsam ihre Pausen verbringen). Idealerweise sollten diese Subsysteme mit ihren Energien alle auf den Existenzgrund des Unternehmens ausgerichtet sein (Abb. 3.11). Dabei können in jedem Subsystem weitere Subsysteme enthalten sein. Die Ausrichtung auf den gemeinsamen Existenzgrund wird dabei immer unvollständig bleiben.

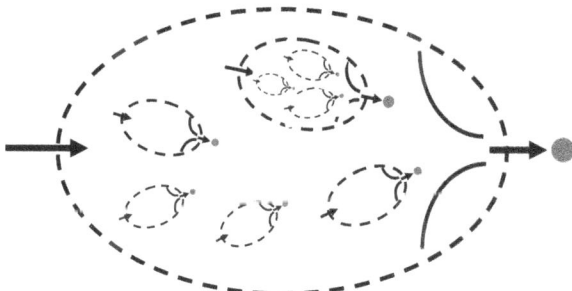

Abb. 3.11 EG-ausgerichtetes überlebensfähiges System mit seinen Subsystemen (Henning 1993, S. 173)

Abb. 3.12 Ungerichtetes nicht überlebensfähiges System (Henning 1993, S. 173)

Subsysteme haben immer einen speziellen eigenen Existenzgrund. Wenn dieser nun signifikant von dem gemeinsamen Existenzgrund abweicht, fangen die Subsysteme einer Organisation an, in unterschiedliche Richtungen zu arbeiten und damit unter Umständen sogar gegeneinander. Ein solches „ungerichtetes" System ist in Abb. 3.12 skizziert. Es ist auf Dauer nicht überlebensfähig, wenn es sich in einem Markt bewähren muss. Wenn es sich dabei z. B. um eine größere Verwaltung handelt, ist eine Insolvenz in der Regel nicht möglich. Das zeigt sich dann vor allem in hoher Ineffizienz der Arbeitsprozesse bei gleichzeitiger Unzufriedenheit der Mitarbeiter bis hin zu fehlenden sozialen Kernprozessen.

3.8   Fokussierte Synergie – Funktionale Vertrautheit

Die Zielsetzung aller Kernprozesse eines Unternehmens ist es, erfolgreich am Markt zu sein und mit allen Beteiligten gemeinsam in eine erfolgreiche Zukunft zu gehen. Dazu spielt der Soziale Kernprozess die entscheidende Rolle, um eine Organisation erfolgreich auf den Existenzgrund auszurichten. Es ist notwendig, dass mit Hilfe des Sozialen Kernprozesses eine „Funktionale Vertrautheit" entsteht. Diesen Begriff haben wir in Buch 1 ausführlich mit dem Liebe-Wahrheits-Diagramms dargestellt[11] (Abb. 3.13).

Die dort genannte *„Chaosfalle" oder „Wahrnehmungsmauer"* kann durch wirtschaftliche Engpässe, durch Konkurrenzdruck, durch Mitarbeitermangel oder ähnliche Einflüsse auftreten und ist ein Kennzeichen der Zone 3 – der turbulenten Zone.[12] Diese Wahrnehmungsmauer entsteht also durch schwie-

---

[11] (Henning und Henning 2024), S. 57–68.
[12] Vgl. (Henning und Henning 2024), S. 13–36. Und: (Henning und Henning 1995).

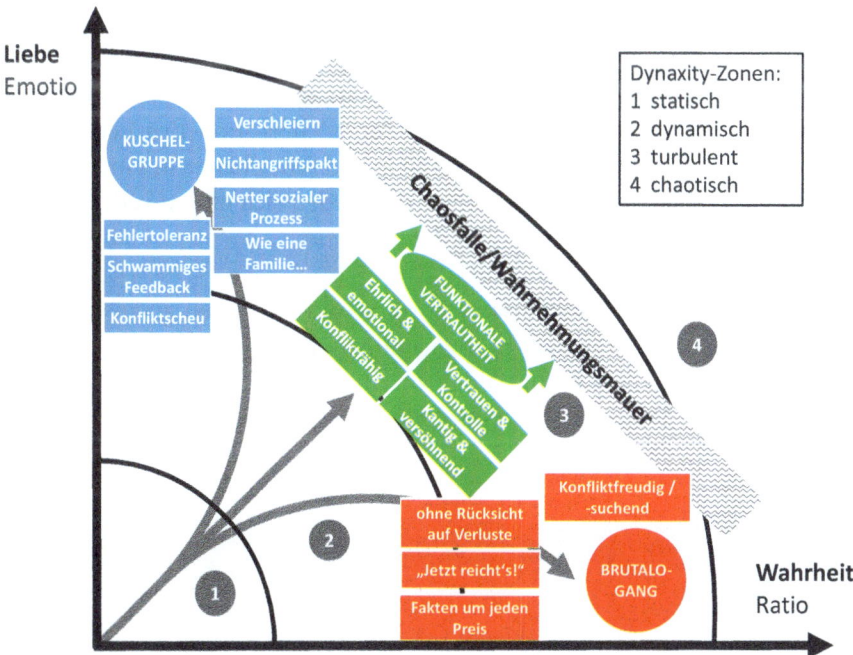

Abb. 3.13 Funktionale Vertrautheit

rige Situationen – in denen man nicht weiß, wo es hingeht, wie man vorangehen soll. Sie zeigt sich in unterschiedlichen Verhaltensweisen:

- Die einen suchen Zuflucht in der Nähe anderer und schließen sich wie eine Kuschelgruppe zusammen, in der sie vermeintlichen Zusammenhalt finden.
- Die anderen bäumen sich auf und suchen den Konflikt miteinander, mit den Führungskräften und mit anderen Kollegen – die sogenannte Brutalo Gang.

Der dritte (grüne) und anzustrebende Weg ist die sogenannte „*Funktionale Vertrautheit*",[13] bei der sich alle Mitarbeiter und Verantwortliche auf den Existenzgrund konzentrieren und weder zu einer Kuschelgruppe noch zu einer Brutalogang werden. Zur funktionalen Vertrautheit gehört, dass man konfliktfähig ist, dass man ehrlich und emotional handelt, dass es aber gleichzeitig Vertrauen und Kontrolle gibt und dass man mit einer kantigen und gleichzeitig versöhnenden Haltung miteinander unterwegs ist.

---

[13]Vgl. (Henning und Henning 2024), S. 57–68.

Beispiel Deutsche Bahn: Die Deutsche Bahn stand zum Beispiel im Jahr 2024 wegen des häufigen Zugausfalls schwer unter öffentlichem Druck. Ein großer Teil der Zugausfälle war durch den Mangel an Bahn-Mitarbeitern in allen Branchen verursacht, aber auch durch Gleis- und Brückenschäden, etc. Wie sollten sich die Führungskräfte und Mitarbeiter in einer solchen Situation verhalten? Das Beste wäre, sie würden sich alle so verhalten, wie es auf der Diagonale in Abb. 3.13 dargestellt ist.

Ein solcher Weg auf der Diagonale stärkt das Vertrauen zueinander und macht eine Organisation resilienter gegenüber chaotischen Situationen, und zwar mit einer starken Konfliktfähigkeit, einem Vertrauen in das Unternehmen und deren Menschen – also mit *„Funktionalen Vertrautheit"*.

4

Das OSTO-Systemmodell in der Struktursicht

Bisher haben wir das OSTO-Systemmodell in seiner Prozesssicht kennengelernt. Diese Sicht wird nun durch eine Struktursicht ergänzt, in der wir die Gestaltungskomponenten einer Organisation betrachten. Die Struktursicht besteht aus den Gestaltungskomponenten Mensch, Organisationsstruktur, Technik, Entscheidungssystem, Belohnungs- und Kontroll-System, Aufgaben und dem Entwicklungs- und Erneuerungssystem.

4.1 Von der Prozesssicht zur Struktursicht

Bisher haben wir das Innere des Systems im OSTO-Systemmodell aus der *Prozesssicht* betrachtet. Der Transformationsprozess vom Input zum Output enthält dabei die Ziele, die Umsetzungsstrategien und die Kernprozesse (Aufgaben-, Individuellen und Sozialen Kernprozess). Bei der Prozesssicht handelt es sich um diejenigen Kernprozesse, die sich über die Zeit hinweg entwickeln und bewegen, um aus den Zielen diejenigen Outputs zu erzeugen, die den Existenzgrund treffen.

Die Prozesssicht wird nun durch eine *Struktursicht* auf eine Organisation ergänzt. Die Struktursicht ist ein stabiles Merkmal einer Organisation und setzt die Rahmenbedingungen für die in der Organisation ablaufenden Kernprozesse.

© Der/die Autor(en), exklusiv lizenziert an Springer-Verlag GmbH, DE, ein Teil von Springer Nature 2025
R. Henning, K. Henning, *Organisationen verstehen und managen*,
https://doi.org/10.1007/978-3-662-70927-6_4

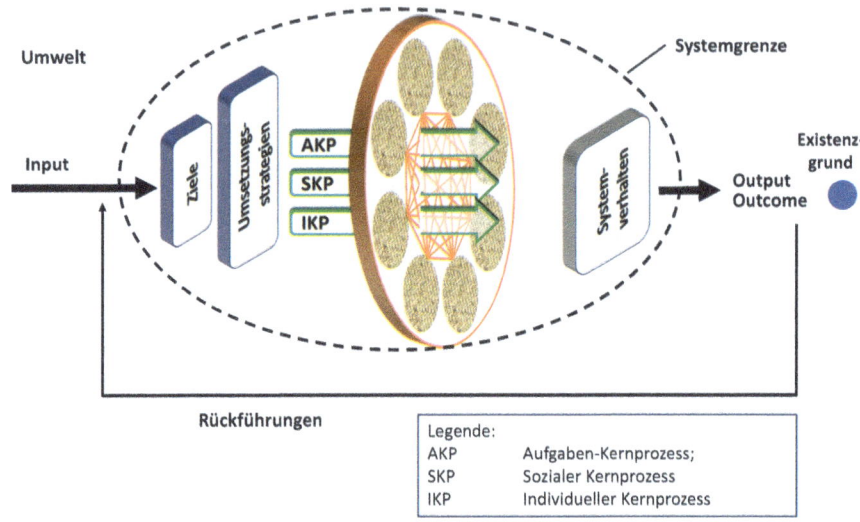

Abb. 4.1 Prozess- und Struktursicht im OSTO-Systemmodell

Man kann sich das so vorstellen: Die Ellipse des OSTO-Systems wird zu einem Ellipsoid,[1] also zu einer dreidimensionalen Ellipse, die man sich als ein Ei vorstellen kann. Wenn man nun den Querschnitt des Ellipsoids betrachtet, sieht man die Strukturen einer Organisation. Dieser Zusammenhang ist in Abb. 4.1 dargestellt.[2]

Dabei geht es sowohl um offizielle vereinbarte Strukturen als auch um „inoffizielle" Strukturen, die sich stillschweigend und durch mündliche Vereinbarungen etabliert haben können. Eine offizielle Struktur ist z. B. die Regelung der Entscheidungsbefugnisse durch ein entsprechendes Dokument. Eine informelle Struktur könnte in diesem Zusammenhang sein, dass faktisch nur der Vorstand entscheiden darf und sonst niemand.

» *Im OSTO-Systemmodell geben die Strukturelemente die innere formelle und informelle Struktur einer Organisation wieder. In jedem Strukturelement sind jeweils die drei Kernprozesse[3] wirksam.*

---

[1] https://de.wikipedia.org/wiki/Ellipsoid.

[2] Vgl. Renate Henning: Change Management – Eine Herausforderung für das Management „im" und „am" System (Henning 2009).

[3] Aufgaben-Kernprozess, Individueller Kernprozess, Sozialer Kernprozess.

Die Strukturelemente entstehen durch drei Prozesse:

* Durch den gezielten Entwurf einer Organisation auf der Basis der Ziele und Umsetzungsstrategien.
* Durch die Strukturen der Gebäude, Maschinen, IT-Systeme, etc.
* Durch diejenigen geplanten und ungeplanten Handlungen der Mitarbeiter einer Organisation, die sich in das Gedächtnis einer lebenden Organisation einprägen.

Aber welchen systemischen Charakter haben die Strukturelemente? Dazu müssen wir zwischen den Begriffen „Subsystem" und „Teilsystem" unterscheiden

»Jedes Strukturelement ist ein Teilsystem[4] und kein Subsystem.

Zunächst zum Begriff Subsystem: *Subsysteme* enthält jede Organisation. So ist jede Abteilung oder jedes Team, aber auch jeder Einzelne ein Subsystem innerhalb des Gesamtsystems (Abb. 4.2). Typische Subsysteme einer Organisation sind ihre Bereiche und Abteilungen, wie z. B. Einkauf, Produktion, Entwicklung, Vertrieb, Finanzen, Personalabteilung, Verwaltung, etc.

»Ein Subsystem hat die gleichen Merkmale wie das Gesamtsystem, also einen Existenzgrund, Ziele und einen Transformationsprozess.

Nun zum Begriff Teilsystem: Ein *Teilsystem* ist eine Sichtweise, eine „Brille", mit der ich auf die Organisation schaue.

»Ein Teilsystem ist kein eigenständiges System, sondern eine Sichtweise auf die Organisation.

---

[4] Englisch: Design Element.

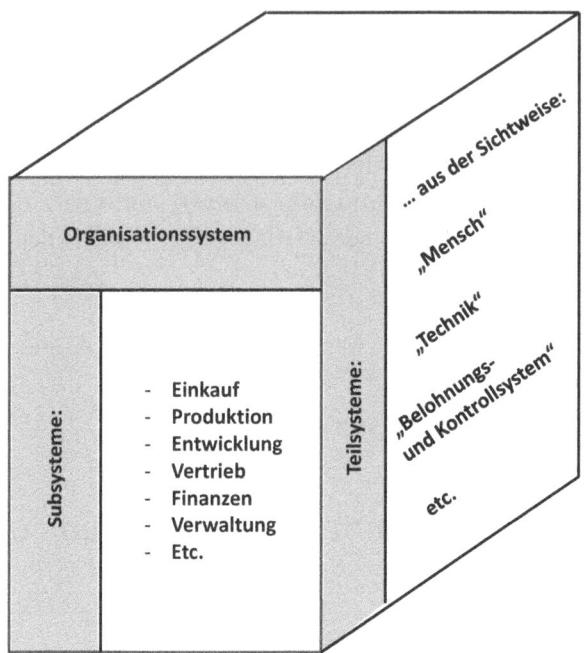

Abb. 4.2 Zusammenhang von Subsystemen und Teilsystemen (Nach Marks 1991, S. 21)

Dies sei an drei Beispielen erläutert (Abb. 4.2):

- Ich schaue auf die Organisation z. B. aus der Sicht aller Vorgänge, die die Menschen in der Organisation betreffen (Teilsystem „Mensch").
- Ich schaue auf die Organisation aus dem technischen Blickwinkel und betrachte alle technischen Gegebenheiten und Einrichtungen (Teilsystem „Technik").
- Ich schaue auf die Organisation aus der Sichtweise aller Aspekte die mit Belohnung, Kontrolle, etc. zu tun haben (Teilsystem „Belohnungs- und Kontrollsystem").
- Etc.

In einer Organisation gibt es also z. B. das Subsystem „Finanzen". Wenn ich aber aus der Teilsystemsicht auf die Organisation schaue, sehe ich das Teilsystem „Belohnung und Kontrolle". Aus dieser Sichtweise erkenne ich die offiziellen und versteckten systemischen Wirkungen des Belohnungs- und Kontrollsystems. Das umfasst Wirkungen von Lob und Tadel, z. B. ein be-

sonderes Büro als Belohnung, ebenso wie z. B. die Überwachung der Arbeitszeit durch Automaten. Aus der Sicht des Belohnungs- und Kontrollsystems
sieht man aber auch die Subsysteme, die sich mit diesen Aspekten befassen,
z. B. das Subsystem „Finanzen".

Wir wollen uns nun den einzelnen Teilsystemen als den Strukturelementen
einer Organisation zuwenden.

4.2 Aufbau und Zusammenhang der Teilsysteme

Die Frage, welche relevanten Teilsysteme sich in einer lebenden Organisation
befinden, hat schon Jay. R. Galbraith in seinem Buch „Designing Complex
Organizations" beschäftigt (Galbraith 1973): Er nennt Mensch, Struktur,
Aufgabe, Informations- und Entscheidungsprozesse sowie das Belohnungs-
system als relevante Teilsysteme. Dem schließt sich David. P. Hanna an, trennt
aber Entscheidungs- und Informationssystem. Er schreibt[5]:

> „... *Manager treffen auf der Grundlage ihrer Ziele und Werte Entscheidungen
> über Dinge wie*
>
> 1. *Die Aufgabe, die Menschen erledigen sollen.*
> 2. *Die Struktur, in der sie arbeiten.*
> 3. *Wie sie belohnt werden.*
> 4. *Wie Entscheidungen getroffen werden.*
> 5. *Die Informationen, die sie verwenden.*
> 6. *Die Menschen selbst (d. h. ihre grundlegenden Fähigkeiten und ihre
>   Motivationen)".*

Auf dieser Basis leitet Marks[6] aus dem Ansatz des Tavistock Instituts für
soziotechnische Systeme und der allgemeinen Systemdefinition acht Teil-

---

[5] (Hanna 1988), S. 45 f.: „ ... managers will make decisions, based on their objectives and values, about
things such as
1. The task people should do.
2. The structure within they work.
3. How they are rewarded.
4. How decisions get made.
5. The information they use.
6. The people themselves, (meaning their basic abilities and motivation)."

[6] (Marks 1991), S. 46–51.

systeme ab. Hejo Rieckmann[7] leitet die Teilsysteme aus den vier System-
dimensionen „offen, sozial, technologisch, oekonomisch" ab.[8]

4.2.1 Ableitung der Teilsysteme aus dem soziotechnischen Systemansatz

Wir betrachten zunächst die Ableitung der Teilsysteme nach Siegfried Marks.[9]
Er geht konsequent von einem soziotechnischen Systemansatz für lebende
Systeme aus, der sich aus den Arbeiten des Tavistock Instituts ableitet.[10] Marks
definiert ein soziotechnisches System als ein System, das eine soziale und eine
technische Systemdimension hat und durch eine Organisationsstruktur miteinander verbunden sind. Daraus leitet er die drei Teilsysteme Mensch, Technik
und Organisationsstruktur ab. Das Teilsystem Organisationsstruktur kennzeichnet dabei die Aufbau- und Ablauforganisation, mit der das soziale und
das technische Teilsystem miteinander verknüpft ist.[11]

》Die drei wichtigsten Teilsysteme als Sichtweisen auf ein System sind Mensch, Organisationsstruktur und Technik.

In der Geschichte des soziotechnischen Systemansatzes war dies vor allem
ein Durchbruch im ingenieurwissenschaftlichen Denken. Die traditionelle
Denkweise der Ingenieurwissenschaften geht von der Technik aus. In den Jahren 1970 ff. sind für Forschungs- und Entwicklungsprojekte zwei Erweiterungen abgeleitet worden:

• Der MTO-Ansatz (Mensch, Technik, Organisationsstruktur) ist stark von
  der Arbeitspsychologie geprägt, die die Interaktion des Menschen mit der
  Technik in den Mittelpunkt stellt, aus dem sich dann Organisationstrukturen
  ableiten.[12]

---

[7] (Rieckmann 1997), S. 77.
[8] Vgl. (Rieckmann und Weissengruber 1990).
[9] (Marks 1991) und (Henning und Marks 2000).
[10] (Elliot 1951), (Miller 2000).
[11] Dabei ist es wichtig, dass dies nichts mit dem Begriff der Organisation zu tun hat, den wir als über-
greifenden Begriff für ein lebendes Organisationsystem verwenden.
[12] (Schmidt et al. 2008).

- Der MOT-Ansatz (Mensch, Organisation, Technik) geht einen Schritt weiter.[13] Dieser Ansatz sieht den Entwurf menschlicher Arbeit und den Entwurf der Organisationsstruktur als Voraussetzung für eine Technikentwicklung, die einem ganzheitlichen Ansatz entspricht.

>> *Der HOT-Approach „first human – second organisation – third technology" hat sich in vielen Projekten als innovativer und zukunftweisender Weg erwiesen.*[14,15]

Weitere fünf Teilsysteme leitet Marks aus den Eigenschaften komplexer rückgekoppelter kybernetischer Systeme ab:

- Das Belohnungs- und Kontrollsystem, das auch Bestrafungen einschließt und
- das Entwicklungs- und Erneuerungssystem, das sich sehr stark aus den Feedbacks zu Innovation und Erneuerung und Änderungen des Existenzgrundes ergibt.

Eine weitere zentrale Eigenschaft komplexer kybernetischer Systeme sieht Marks in der Vielzahl der Wechselbeziehungen zwischen den Subsystemen, den Teilsystemen und der Umwelt, die sowohl

- das Entscheidungssystem,
- das Informationssystem,
- und die Aufgabenverteilung in einer Organisation (Teilsystem „Aufgaben") betreffen.

---

[13] Dieser Ansatz wurde vor allem durch Arbeiten des Cybernetics Lab der RWTH Aachen geprägt. Vgl. *Der Mensch in der Kommunikation mit der Technik*: (Isenhardt und Hees 2005).

[14] Vgl. (Henning et al. 2003): (Hrsg.) Wissen – Innovation – Netzwerke. Wege zur Zukunftsfähigkeit.

(Henning und Michulitz 2009): Unternehmenskybernetik 2020 -Betriebswirtschaftliche und technische Aspekte von Geschäftsprozessen.

(Jeschke et al. 2011): Automation, Communication and Cybernetics in Science and Engineering 2009/2010.

[15] Vgl. Anhang: Liste von wissenschaftlichen Arbeiten im Kontext der OSTO-Systemtheorie.

4.2.2 Ableitung der Teilsysteme aus den OSTO-Systemdimensionen

Heijo Rieckmann geht für die Ableitung der Teilsysteme von den vier System-dimensionen des OSTO-Systemansatz aus, die sich in dem Akronym OSTO spiegeln[16,17] (Abb. 4.3).

* **O**ffene Systemdimension,
* **S**oziale Systemdimension,
* **T**echnische Systemdimension,
* **O**ekonomische Systemdimension.

Offene Systemdimension
Organisationen werden im OSTO-Systemansatz als offene Systeme betrach-tet. Das Attribut „offen" bezieht sich dabei sowohl auf den räumlich-sachlichen als auch auf den zeitlichen Aspekt. Mit dem räumlich-sachlichen Aspekt werden nicht nur die gewollten, sondern auch die ungewollten Aus-tauschprozesse zur Umwelt in den Blick genommen. In zeitlicher Hinsicht wird ein System in Bezug auf die eigene Zukunft als offen betrachtet. Ge-

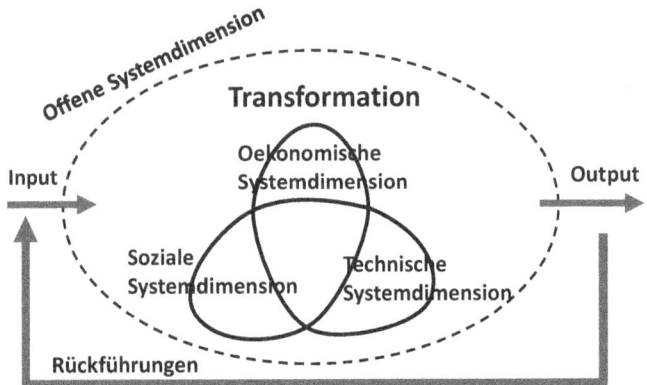

Abb. 4.3 Die OSTO-Systemdimensionen Offen, Sozial, Technisch, Oekonomisch

---

[16] (Rieckmann 1997), S. 40–42 und 75–82. Wir folgen dabei nicht der Auffassung von Rieckmann, der die Teilsysteme jeweils einem der drei Kernprozesse zuordnet. Dies ist unserer Ansicht nach irreführend, weil aus jeder Teilsystem-Sicht Aufgaben-, Individuelle und Soziale Kernprozesse ablaufen. Darüber hi-naus übernehmen wir das von Rieckmann vorgeschlagene Teilsystem „Ressourcen" nicht, da sich die Res-sourcen stark mit der ökonomischen Systemdimension überschneidet. Diese wiederum findet sich in allen acht Teilsystemen.
[17] (Henning, und Henning, 2024), S. 117 ff.

schlossene Systeme kommen praktisch kaum vor. Daher müssen die Wechselwirkungen zwischen dem System und seiner Umwelt genau beobachtet werden. Die inneren Zusammenhänge und äußeren Abhängigkeiten des Organisationssystems müssen betrachtet werden, um so eine langfristig orientierte und folgenbewusste Handlungsstrategie zu entwickeln.

Soziale Systemdimension
Die soziale Systemdimension umfasst

* die klassischen Bereiche Aufbau- und Ablauforganisation, sowie die Informations- und Entscheidungswege,
* die Verteilung von Funktionen und Aufgaben,
* das Belohnungs- und Kontrollsystem,
* die Mitglieder der Organisation mit ihren Arbeitsbeziehungen, Interessen, Gefühlen und Verhaltensweisen,
* die Unternehmenskultur mit allen Werten, Einstellungen, Normen, Regeln, Klima und Motivation und
* personalwirtschaftliche Systeme.

Entscheidend für das Verständnis dieser Systemdimension und ihres Einflusses auf das gesamte System ist, dass bei allen Vorgängen und Prozessen Menschen beteiligt sind.

Technische Systemdimension
Die technische Systemdimension beinhaltet vor allem die materiellen Aspekte von Unternehmen, wie z. B.

* Maschinen, Geräte, Gebäude, Innenausstattung, Rechenanlagen, also die gesamte materielle Ausstattung einschließlich aller Hilfsmittel und Werkzeuge.
* Alle Prozesse zu Technologieplanung und Technikkonzeption.
* Die gesamte Prozesstechnik mit ihrem Energie- und Materialfluss.
* Alle ökologischen Aspekte und ihre Wirkung bei Konzepten zur Nachhaltigkeit.
* Die gesamte IT-Welt einschließlich der Anwendung von Künstlicher Intelligenz.
* Die technischen Konzepte und Werkzeuge für die Arbeitsstrukturen.

Oekonomische Systemdimension
Die ökonomische Systemdimension beschreibt alle Aspekte, die direkt oder indirekt die wirtschaftliche Situation einer Organisation betreffen, wie

- Umsatzentwicklung und Gewinn,
- Kostenstruktur, und Produktivitätskennzahlen (z. B. Durchlaufzeiten),
- Controlling Kennzahlen,
- Entlohnungssysteme und Gehaltsstrukturen,
- Budget- und Investitionsplanung,
- steuerlichen Prozesse,
- Aspekte der Rechtsformen und Eigentumsverhältnisse,
- Kreditprozesse

Diese ökonomische Dimension hat Einfluss auf *alle* Teilsysteme.

4.2.3 Wechselwirkungen zwischen den Systemdimensionen und den Teilsystemen

Für die vier Systemdimensionen (O – S – T – O) werden in Abb. 4.4 die Wechselwirkungen zu den Teilsystemen als den Gestaltungskomponenten einer Organisation im Überblick dargestellt und im Folgenden erläutert.

Die *offene Systemdimension* erkennt man in drei wesentlichen Teilsysteme:

- Teilsystem *Mensch*: Die Offenheit des Systems ist vor allem durch die Menschen gegeben, die in der Organisation arbeiten und zwischen der

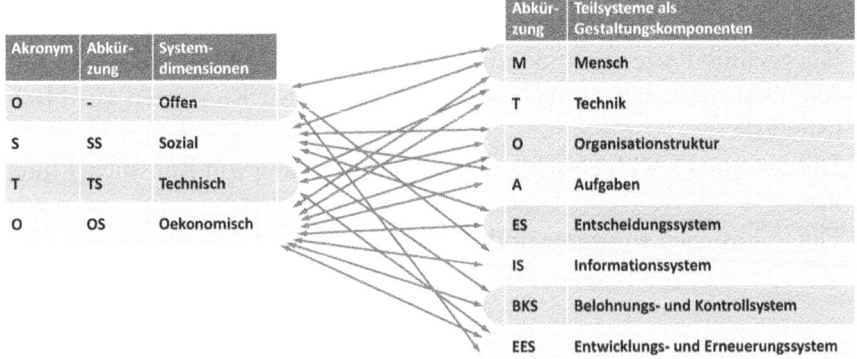

Abb. 4.4 Wechselwirkungen zwischen den Systemdimensionen und den Teilsystemen

Organisation und der Umwelt „pendeln", sich also immer auch in Nachbarsystemen aufhalten (Verbände, Familie, Feste, etc.).

- Teilsystem *Informationssystem*: Bedingt durch die Offenheit gibt es viele offizielle und inoffizielle Informationswege, die es zu gestalten und zu managen gilt.
- Teilsystem *Entwicklungs- und Erneuerungssystem*: Die Offenheit zeigt sich in den zahlreichen Wechselwirkungen mit der Umwelt. Diese führen zu permanenten Anregungen und „Störungen", die Erneuerungsprozesse verlangen. Dies kann sich auf technologische Innovationen, verändertes Marktverhalten und ein verändertes politisches Umfeld beziehen.

Die *Soziale Systemdimension* steht in starker Wechselwirkung mit

- dem Teilsystem *Mensch* – das ist offensichtlich,
- dem Teilsystem *Aufgaben* mit der Zuordnung von Menschen zu Rollen und Funktionen,
- dem *Entscheidungssystem*, weil Menschen einer Organisation immer Führung und Entscheidungen benötigen,
- der *Organisationsstruktur*, weil die Menschen innerhalb der Organisation in eine Aufbau- und Ablauforganisation eingebunden sind,
- dem *Belohnungs- und Kontrollsystem*, weil hier die Strukturen zu Entlohnung, Urlaub, Sozialleistungen etc. bestimmt werden.

Die *Technische Systemdimension* steht in starker Wechselwirkung mit

- dem Teilsystem *Technik* (das ist offensichtlich),
- der *Organisationsstruktur*, die oft von den technischen Strukturen abhängt und umgekehrt,
- dem *Entwicklungs- und Erneuerungssystem*, weil Technik ein wesentlicher Motor für neue Produktinnovationen ist.

Die *ökonomische Systemdimension* in starker Wechselwirkung zu allen Teilsystemen:

- Zum Teilsystem *Mensch*, weil etwa die Anzahl der beschäftigten Menschen stark von der ökonomischen Lage der Organisation abhängt.
- Zum Teilsystem *Technik*, weil die technische Ausstattung ebenso stark von den verfügbaren ökonomischen Ressourcen abhängt.
- Zur *Organisationsstruktur*, weil in der Art der Aufbau und Ablauforganisation erhebliche (finanzielle) Effizienzsteigerungen möglich sind.
- Zum Teilsystem *Aufgaben*, weil die Aufgabenstruktur und deren Verteilung erhebliche Auswirkungen auf die Wirtschaftlichkeit einer Organisation hat.

* Zum *Entscheidungssystem*, weil eine Vielzahl von Entscheidungen auf der Basis der wirtschaftlichen Situation erfolgen muss.
* Zum *Informationssystem*, weil nichts schwerer ist als Zahlen, Daten und Fakten in angemessener Form in der Organisation transparent zu machen.
* Zum *Belohnungs- und Kontrollsystem*, weil Gehälter, Urlaube, Arbeitsplätze etc. viel Geld kosten.
* Zum *Entwicklungs- und Erneuerungssystem*, weil das Geld, das man in Entwicklung und Erneuerung steckt, vorher erst einmal verdient werden muss oder von außen Stakeholder braucht, die diese Innovationen finanzieren.

4.2.4 Die Teilsysteme als Gestaltungskomponenten in ihrer Wechselwirkung untereinander

» *Die Teilsysteme sind die Gestaltungskomponenten einer Organisation.*

Im Folgenden werden wir die Teilsysteme immer als „*Gestaltungskomponenten*" bezeichnen. Wir betrachten diese nun in ihren Wechselwirkungen untereinander. Aus dem vorhergehenden Abschnitt geht hervor, dass alle Gestaltungskomponenten miteinander vernetzt sind (Abb. 4.5).

Das hat zur Folge, dass man nicht isoliert etwas an einem der Gestaltungskomponenten ändern kann, ohne automatisch Wechselwirkungen positiver oder negativer Art an anderer Stelle auszulösen. Diese Wechselwirkungen sind aber eine der größten Fallen für Führungskräfte und Berater: Wie oft werden

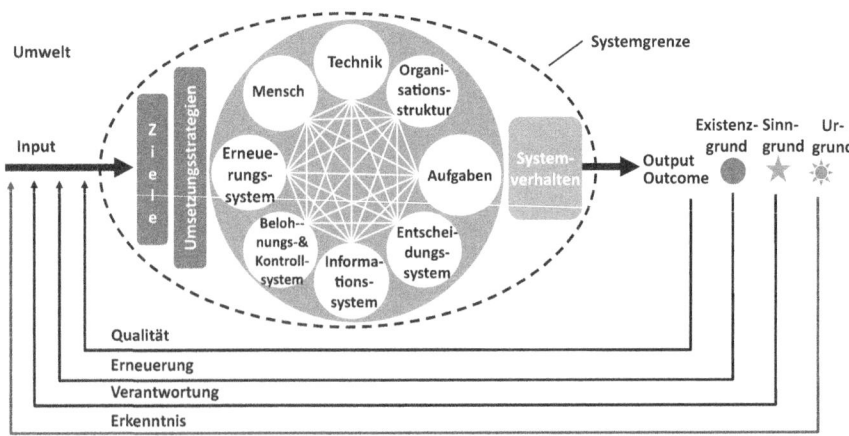

Abb. 4.5 Die Struktursicht auf eine Organisation

schnelle Entscheidungen über die Änderungen in dem Glauben getroffen, das Problem sei dann gelöst. Hier gibt es zwei wichtige Empfehlungen im Umgang mit den Gestaltungskomponenten:

- Als Erstes warnt D.P. Hanna[18]: „If you change the design, be careful not disturb, what's working well now.[19]" Es gibt allzu oft gut gemeinte Eingriffe in einzelne Gestaltungskomponenten einer Organisation, bei denen die negativen Rück-, Fern- und Nebenwirkungen entweder übersehen oder sogar ignoriert werden.
- Als Zweites sollte man immer den effizientesten Eingriff suchen, bei dem man mit wenig Aufwand viel erreicht und dabei zu erwartende positive Nebenwirkungen auf andere Gestaltungskomponenten nutzt.

» „Wackelt" man an einer der Gestaltungskomponenten, wackeln alle anderen Gestaltungskomponenten mit, als ob sie mit Fäden miteinander verbunden wären.

In jeder einzelnen Gestaltungskomponente sind die drei Kernprozesse (Aufgaben-, Sozialer- und Individueller Kernprozess) wirksam (vgl. Abb. 4.1). Nehmen wir als Beispiel die Gestaltungskomponente „Mensch": Man sieht dann das gesamte Organisationsystem unter dem Aspekt, welche Strukturen die Gestaltungskomponente „Mensch" prägen und beeinflussen. Das kann sich z. B. auf die Struktur von Arbeitsverträgen, Dienstzeitregelungen, Urlaubsansprüchen, persönlichen Berichtspflichten, oder Formen der Beurteilungsgespräche beziehen. Etwas Anderes ist es aber, wenn ich mich auf den Individuellen Kernprozess konzentriere und frage, ob die Energien der Mitarbeiter auf den Existenzgrund ausgerichtet sind und wie ich das beeinflussen kann. Um hier Verbesserungen zu erreichen, kann es notwendig sein, dass Maßnahmen in ganz anderen Gestaltungskomponenten ergriffen werden müssen, zum Beispiel bei der Organisationsstruktur oder dem Belohnungs- und Kontrollsystem. Die Gestaltungskomponenten bilden also die Rahmenbedingungen für das Systemverhalten, das man nicht direkt beeinflussen kann. Das Systemverhalten entsteht auf der Basis der gesetzten Rahmenbedingungen der Gestaltungskomponenten und ihrer Wechselwirkungen

---

[18] (Hanna 1988), S. 39. Übersetzung: „Wenn Sie Gestaltungskomponenten ändern, achten Sie darauf, dass das, was jetzt gut funktioniert, nicht gestört wird."
[19] Übersetzung: „Wenn Sie ein System ändern, achten Sie darauf, dass das, was jetzt gut funktioniert, nicht gestört wird."

untereinander. Auf diese Kunst der systemischen Beeinflussung und Steuerung werden wir in Kap. 7 und 8 noch detaillierter eingehen. Im Folgenden werden wir die einzelnen Gestaltungskomponenten im Detail beschreiben.

4.3   Die Gestaltungskomponenten einer Organisation im Detail

Wir wollen verstehen, wie man die innere Struktur einer lebenden Organisation erkennen und beschreiben kann. Dafür stellen die Gestaltungskomponenten einer Organisation diese innere Struktur dar.[20] Für eine einfachere Darstellung von Prozess- und Struktursicht wählen wir für die weiteren Betrachtungen eine integrierte Darstellung von Prozess und Struktur, bei der das Systemverhalten als Folge der drei Kernprozesse sichtbar wird (Abb. 4.6). Im Folgenden werden wir die einzelnen Gestaltungskomponenten in ihrer Wirkung auf die lebende Organisation beschreiben.

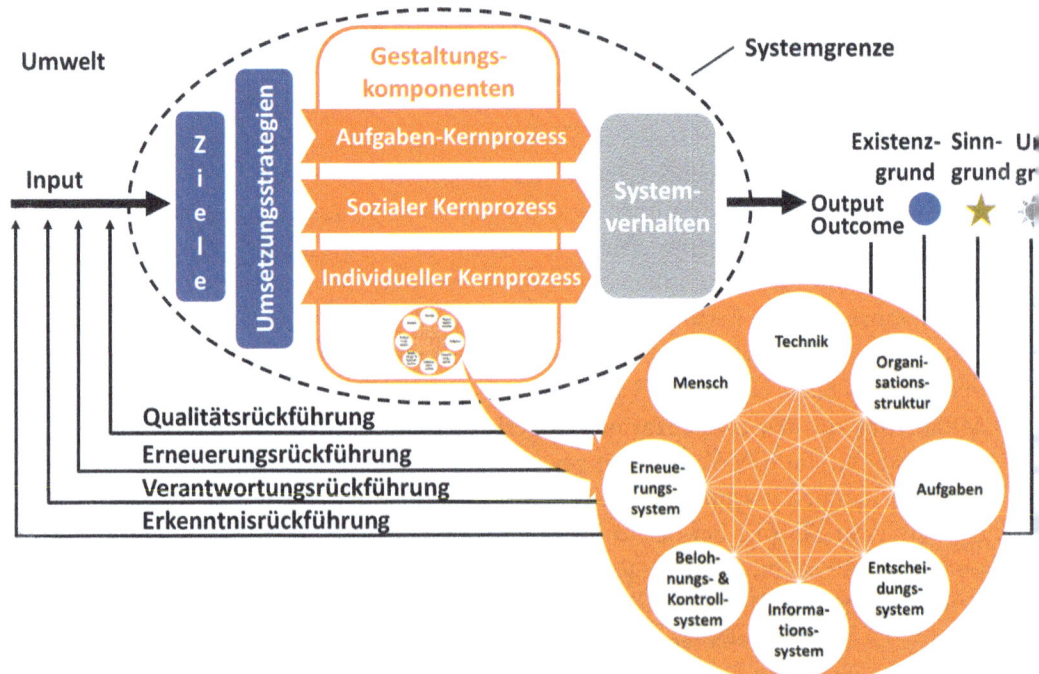

Abb. 4.6   OSTO-Systemmodell mit Prozess- und Struktursicht

---

[20] Vgl. Abb. 4.1 Prozess- und Struktursicht im OSTO-Systemmodell.

4.3.1 Mensch

》 *Die Gestaltungskomponente Mensch umfasst die Sicht auf das Unternehmen in Hinblick auf Rollen, Funktionen, Qualifikationen und Begabungen.*

Die Gestaltungskomponente Mensch enthält also alle Erwartungen und Bedürfnisse der Menschen, die innerhalb der Organisation tätig sind. Dies umfasst aber nicht nur fest angestellte Mitarbeiter, sondern alle Menschen, die sich innerhalb des Organisationssystems aufhalten. Das können auch Vertragspartner sein, die im System arbeiten, Menschen, die als Arbeitskräfte von anderen Unternehmen ausgeliehen sind, Subunternehmer mit Werkverträgen, Menschen, die für einen Lehrgang „in das System" kommen, oder auch einfach Besucher. Alle diese Akteure sind in das Geflecht der sozioemotionalen Beziehungen und die faktisch bestehende Unternehmenskultur eingebunden.

Zu den typischen Aufgabenstellungen für die Gestaltungskomponente „Mensch" gehört aus Sicht der Führung einer Organisation vor allem die Frage, ob die Menschen mit ihren Gaben, Talenten und Kompetenzen an der richtigen Stelle eingesetzt sind. Ebenso wichtig ist aber die gesamte klassische Arbeit, die in den Personalabteilungen und „Human Ressource"-Einheiten unter dem Stichwort „Personalentwicklung" läuft. Dazu gehören alle fördernden und steuernden Maßnahmen, die eine betriebliche und damit auch persönliche Weiterentwicklung der Belegschaft ermöglichen.

4.3.2 Technik

》 *Die Gestaltungskomponente Technik umfasst die technischen Maschinen, Geräte, Hilfsmittel, Gebäude, Innenarchitektur, Verfahren, arbeitstechnische Methoden, IT-Systeme etc., mit denen die Aufgaben zu erledigen sind.*

Die Aspekte unter der Gestaltungskomponente „Technik" sind sehr breit. Zum einen ist es die „operative" Technik, die notwendig ist, um die Organisation überhaupt zu betreiben. Im Falle eines Ingenieurbüros sind es die CAD-Zeichenbretter, die Computeranlagen inklusive der zugekauften Service-Lösungen großer Provider, wie z. B. Microsoft, die Handys, aber auch die Stühle und Moderationsmaterialien, Dienstwagen, etc.. Ebenso gehören zur Technik alle IT-Systeme inklusive der Systeme zur Künstlichen Intelligenz, alle angemieteten Cloudspeicher, Sicherungs- und Virenschutzsysteme. Es gehören aber auch die Labore, Prüfstände und materiellen Einrichtungen für Forschung und Entwicklung dazu. Im Energiebereich gehört der Energiebedarf zur Gestaltungskomponente Technik, ggf. auch die (eigenen) Kraftwerke oder Solaranlagen.

Ein weiterer großer Bereich ist die Technikkonzeption. Welche Materialen werden für die Produkte und Dienstleistungen benötigt? Wo kommen diese her? In welchen Ländern werden sie produziert? Unter welchen Bedingungen? Wie sieht der ökologische Fußabdruck der Produkte aus? Welche Strategie der Nachhaltigkeit fährt das Unternehmen aus technischer Sicht?

Mit der Liste dieser Fragen soll verdeutlicht werden, dass zum Prozess der Technikgestaltung auch die damit verbundenen Nachhaltigkeitsaspekte gehören.

4.3.3 Organisationsstruktur

Die Organisationsstruktur beschreibt die Aufbau- und Ablauforganisation in einer Organisation. Es geht also um Funktionen, Hierarchien, Unterstellungsverhältnisse sowie die Regelung der Ablaufprozesse in zeitlicher, räumlicher und sachlicher Hinsicht.

Bei der *Aufbauorganisation* geht es um die Frage, wer hat wem was zu sagen, wer ist Chef von wem? In welcher Struktur werden die Verantwortlichkeiten in der Organisation festgelegt? Sind diese beschrieben oder haben diese „nur" einen Titel? Oft ist die Hierarchie in einer Stellenbeschreibung festgelegt, aber die „gelebte Hierarchie" sieht ganz anders aus.

Es gibt Organisationen, in denen die Hierarchie übermächtige „Silos" bildet, die bürokratisch voneinander getrennt sind. Es gibt aber auch Unternehmen, die bei tausenden von Mitarbeitern weitestgehend auf Hierarchien verzichten und sich „nur" in Projekten organisieren, die ihrerseits natürlich wieder eine Aufbauorganisation haben – wenn auch nur auf Zeit.

Der zweite Bereich der Organisationsstruktur ist die Festlegung der *Ablauforganisation*. In welcher Reihenfolge wird an der Produkterstellung und Erstellung von Dienstleistungen gearbeitet? Wie ist der Arbeitsfluss inklusive der Materialbereitstellung organisiert? Wie sieht der gesamte logistische Prozess aus – vom Einkauf bis zum Versand?

Wenn es sich um eine Verwaltung handelt, geht es dann z. B. um die Frage, wie ein Antrag bearbeitet wird – in welcher Reihenfolge von wem, mit oder ohne zeitliche Fristen, mit oder ohne Transparenz-Regelungen für den Antragsteller, bzw. Kunden.

Der Blickwinkel der Gestaltungskomponenten ist deshalb so wichtig, weil es (leider) immer noch die irrtümliche Annahme gibt, als müsse man bei einem Veränderungsprozess als erstes mit Nachdruck die Aufbau-Organisation ändern und Abteilungen neu zuschneiden und dann würde sich der Rest von selbst regeln. Dazu führt man oft noch ein Programm zur Unternehmenskultur durch. Leider folgen immer noch viele Beratungsgesellschaften bei ihrer Arbeit diesem Muster und betrachten Organisationen als eine Maschine. Oft werden dabei – gerade in größeren Konzernen und öffentlichen Verwaltungen – die Mitarbeiter in solche Prozesse nicht mit einbezogen, sondern vor vollendete Tatsachen gestellt; Menschen werden dabei eben behandelt wie Maschinen.

Unzählige dieser Ansätze, gerade auch bei Unternehmensfusionen, führen zum Scheitern der dahinterliegenden Absichten, die auf dem Papier gut aussehen, aber eben „nur" die Brille der Gestaltungskomponente „Organisationsstruktur" aufsetzen.

》 *Aufbau- und Ablauforganisation sind notwendige Voraussetzungen für das Funktionieren einer Organisation. Sie werden jedoch in ihrer Wirkung oft überschätzt, weil sie als einzige Gestaltungskomponente nicht die gewünschte Wirkung zeigen.*

4.3.4 Aufgaben

Die Gestaltungskomponente Aufgaben ergibt sich aus der Beschreibung der einzelnen direkten Aufgaben, die sich aus dem Existenzgrund und den Zielen, also aus den Kundenbedürfnissen ergeben. Zu den Aufgaben gehören die Zusammenstellung der Produkte und Dienstleistungen der Organisation sowie deren Aufteilung in Teilaufgaben in Form von konkreten Arbeitsaufträgen, Erwartungen an Funktionen, Arbeitsplätzen etc.

Hieraus ergeben sich die notwendigen Funktionen, Aufgaben, Jobs/ Arbeitsplätze in den verschiedenen Abteilungen einer Organisation, aber auch die Aufteilung in Sparten und Geschäftsfeldern.

>> *Die Gestaltungskomponente Aufgabe umfasst nicht nur die Beschreibung und Festlegung der Aufgaben, die erforderlich sind, um den Existenzgrund zu erreichen, sondern muss auch die dafür erforderlichen Arbeitsinhalte und Qualifikationen ermitteln.*

4.3.5 Entscheidungssystem

Auf den ersten Blick erscheint die Gestaltungskomponente „Entscheidungssystem" sehr einfach, denn man hört oft bei kleineren und manchmal auch bei größeren Unternehmen: *„Bei uns entscheidet alles der Chef."* So einfach ist es aber nicht. Das Entscheidungssystem beschreibt, wo, wie, durch wen, auf welcher Ebene, an welcher Stelle und mit welchen Hilfsmitteln Entscheidungen getroffen werden, und zwar immer aus zwei Blickwinkeln:

- Wie ist der offizielle Entscheidungsweg?
- Wer entscheidet faktisch?

In den seltensten Fällen stimmen die beiden Ebenen von offiziellen und faktischen Entscheidungswegen überein. Das ist auch gut so, weil eine gute Organisation eben keine Maschine ist, sondern ein Lebewesen, das sich im günstigsten Fall sehr effizient organisiert und auch die informellen und mündlichen Absprachen zu Entscheidungswegen nutzt.

Ein weiterer Aspekt ist, ob Entscheidungen durch ein Gremium oder ein Team getroffen werden oder durch eine einzelne Person. Und worüber darf wer entscheiden und zu welchen Sachverhalten und bis zu welchem Budget?

Das Entscheidungssystem beschreibt also, welche Mechanismen, Verfahren und Spielregeln für die Steuerung der Entscheidungsprozesse gelten, über welche Hierarchien ein Entscheidungsprozess geht und wie viele Personen am Ende unterschrieben haben müssen, damit eine Entscheidung eine Entscheidung ist. Am Ende ist beim Entscheidungssystem die zentrale Frage: Wer trägt eigentlich die Verantwortung für was? Und wenn etwas entschieden ist, was sind die Folgen? Inwieweit werden die Entscheidungen umgesetzt, ungefragt verändert, ignoriert oder zur erneuten Entscheidung vorgelegt? Fatal ist es, wenn in einer Organisation keiner die Verantwortung tragen will. Aber auch das wäre ein „Entscheidungssystem". Denn nicht entscheiden ist auch eine Entscheidung.

》Die Gestaltungskomponente „Entscheidungssystem" ist oft ein Schlüssel für erfolgreiche Veränderungsprozesse.

4.3.6 Informationssystem

Die Gestaltungskomponente Informationssystem beschreibt, wer, wann, von wem, welche Informationen erhält – unabhängig davon, ob dies schriftlich oder mündlich stattfindet. Diese Komponente beschreibt auch, wie die Selektion der Informationsweitergabe erfolgt und welche Informationen nicht geteilt werden und warum das so ist.

In diesem Zusammenhang wird unter „Information" jede Form von Kommunikation verstanden und beschreibt den Informations- und Kommunikationsfluss in einer Organisation. Besonders interessant ist dabei der Austauschprozess von Informationen mit der Umwelt auf Grund der Offenheit des Systems. Wer erfährt von außerhalb was über Vorgänge im Inneren der Organisation und umgekehrt?

》Der Gestaltungskomponente Informationssystem kommt deshalb eine so hohe Bedeutung zu, weil die Beobachtung des Sprechens in und über eine Organisation in der Regel einen ziemlich tiefen und „wahren" Einblick über die Natur, Struktur und Effizienz der Organisation liefert.[21]

---

[21] Christiane Michulitz zeigt in ihrer Arbeit zur Kommunikationsanalyse in einer Organisation, dass sich bereits durch die Diagnose des Sprechens in einer Organisation ein zielgerichteter Redesign-Prozess ermöglicht werden kann. (Michulitz 2005).

4.3.7 Belohnungs- und Kontrollsystem

Unter dem Belohnungs- und Kontrollsystem wird das Zusammenspiel aller Strukturen, Maßnahmen, Regeln und Verhaltensweisen verstanden, die als Belohnung, Kontrolle oder Bestrafung in einer Organisation wirksam sind. Auch hier spielt es wieder keine Rolle, ob diese Wirkungen materieller/immaterieller bzw. formeller/informeller Art sind. Mit der Sichtweise des Belohnungs- und Kontrollsystems kann man erkennen, in welcher Weise in einer Organisation das Verhalten sowohl von Menschen als auch von technischen Einrichtungen beobachtet und gesteuert wird. Typische Beispiele hierfür sind die Gehalts- und Vergütungsstrukturen, die Art und Weise wie neue Stellen zugeteilt werden oder die Frage nach welchen Kriterien die Zuweisung von finanziellen Mitteln erfolgt.

Ebenso wichtig sind aber die Wirkungen von KPI's,[22] von geschriebenen oder ungeschriebenen Regeln und nicht zuletzt das Thema Verhaltenskultur: Wie erfolgt die Wertschätzung von Mitarbeitern, Teams und Abteilungen? Oder erfolgt sie gar nicht? Auch das ist dann ein bewusst oder unbewusst wirksame Gestaltungskomponente.

Kontrolle muss in jeder Organisation sein. Aber wie erfolgt sie? Und welche Folgen hat die Kontrolle? Hat es Konsequenzen, wenn etwas nicht erreicht wird? Erfolgt dann eine „Bestrafung", zum Beispiel eine Versetzung oder gar eine Kündigung? Gibt es einen konstruktiven Umgang mit Fehlern? Wenn die Kontrolle dazu führt, dass die Leistungen hervorragend sind: Hat das dann irgendwelche Konsequenzen in Hinblick auf Beförderung, mehr Gehalt, mehr Wertschätzung oder steigen dann einfach nur die neuen Anforderungen?

>> Mit dem Belohnungs- und Kontrollsystem beschreiben wir die tatsächliche (auch finanzielle) Steuerung einer Organisation im Hinblick auf die Leistungen der einzelnen Bereiche einer Organisation und der einzelnen Menschen.

---

[22] Key Performance Indicators sind Kenngrößen zur Steuerung der Effizienz und Leistung eines Unternehmens.

4.3.8 Entwicklungs- und Erneuerungssystem

Das Entwicklungs- und Erneuerungssystem ist für das Überleben einer Organisation unersetzlich. Es umfasst alle Aspekte von Innovation, sei es Produkt- oder Prozessinnovation und bezieht sich auf alle Vorgänge in einer Organisation.

Diese Gestaltungskomponente kann sich in Forschungs- und Entwicklungsabteilungen niederschlagen, aber ebenso in der Personalabteilung und Weiterbildungseinrichtung einer Organisation oder in der Strategieabteilung.

Es geht aber noch um mehr: Wie werden in einer Organisation Veränderungen auf den Weg gebracht? Wo und wann werden Veränderungsprozesse initiiert und vor allem dann auch umgesetzt? Spätestens hier wird deutlich, ob die Führungskräfte einer Organisation sich als Teil von Entwicklungs- und Erneuerungsprozessen verstehen.

Es nützt aber nichts, wenn nur der Chef eine Veränderungsdynamik an den Tag legt. Inwieweit sehen sich die Mitarbeiter als Treiber von Erneuerung und Innovation? Dürfen sie das? Wie wird das organisiert?

> **》Das Entwicklungs- und Erneuerungssystem beschreibt, inwieweit eine Organisation eine lernende Organisation[23] ist, die ihre eigene Zukunft in allen Aspekten proaktiv erfindet, entwickelt und gestaltet.**

4.4   Anpassung der Gestaltungskomponenten an den Anwendungsfall

Die beschriebenen Gestaltungskomponenten stellen eine Basis für die Beschreibung der formellen und informellen Struktur einer Organisation dar. In der Anwendung kann es sinnvoll sein, sich auf einige der Gestaltungskomponenten zu konzentrieren oder diese zu modifizieren.

---

[23] Vgl. (Henning und Henning 2024); S. 53.

Bereits erwähnt wurde der HOT-Approach mit einer Beschränkung auf die Gestaltungskomponenten Mensch, Organisationsstruktur und Technik als die Aspekte, die sich unmittelbar aus dem soziotechnischen Systemansatz ergeben.

Beispiel eines Zulieferunternehmens[24]: In einem langjährigen Projekt eines weltweit agierenden Zulieferunternehmens für die Automobil- und Bahnindustrie ging es um die Stabilisierung der weltweiten IT-Struktur. Der Grund für die Existenz dieses Projektes war die Notwendigkeit, die Qualität der IT-Strukturen und -Prozesse an über 50 Standorten nachhaltig zu verbessern. Hierzu wurde ein Regelkreis entwickelt, in dem alle wesentlichen Funktionen an den Standorten gemessen und mit Interviews evaluiert wurden. Dafür wurden als Sichtweise die drei Gestaltungkomponenten Mensch, Organisation und Technik verwendet.

Für diesen Anwendungsfall erwies sich die Beschränkung auf die drei Gestaltungskomponenten als sinnvoll und ausreichend, weil der Aufwand mit allen Gestaltungskomponenten für ein dauerhaftes Assessment der Qualität der IT-Dienste unverhältnismäßig groß gewesen wäre. Es hat sich über mehrere Jahre hinweg gezeigt, dass diese Beschränkung den Aufwand für das jährliche Assessment in Grenzen hielt und andererseits zu genügend substanziellen Aussagen führte. Dies wurde jährlich über einen Zeitraum von 10 Jahren durch einen mehrtägigen internationalen Workshop evaluiert.

Beispiel Mechatronische Systeme: In einem zweiten Beispiel soll gezeigt werden, dass es auch sinnvoll sein kann, die Gestaltungskomponenten eng an eine Aufgabenstellung des betrachteten Organisationssystems anzupassen (Abb. 4.7).

Es handelte sich um ein mehrjähriges Projekt in einem international agierenden Unternehmen, in das zahlreiche Zulieferer eingebunden waren. Für die Entwicklung eines neuen, sehr komplexen mechatronischen Serienproduktes wurde der OSTO-Systemansatz für die Steuerung des Entwicklungsprojektes eingesetzt.

---

[24] (Henning und Messerschmidt 2009).

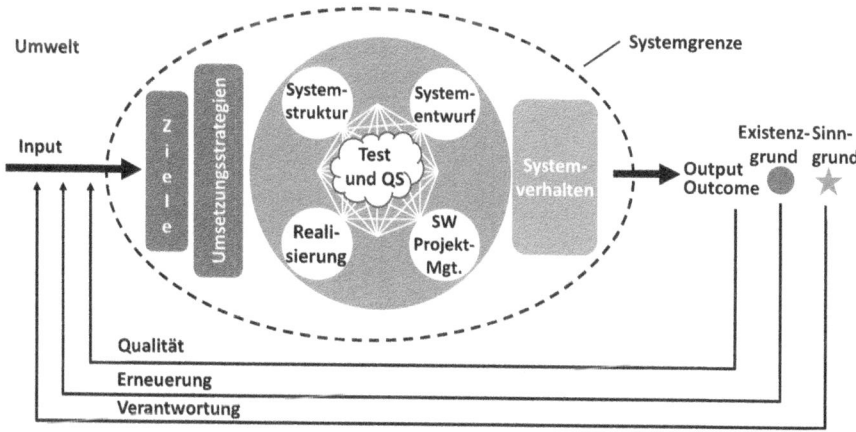

Abb. 4.7 Anpassung der Gestaltungskomponenten für einen mechatronischen Entwicklungsprozess

Als Gestaltungskomponenten wurden fünf spezielle Sichtweisen ausgewählt. Diese orientierten sich an dem Produktentwicklungsprozess für komplexe Software-Systeme. Diese Anpassung war einer der entscheidenden Erfolgsfaktoren für das Projekt:

- Als zentrale Gestaltungskomponente wurde *„Test und Qualitätssicherung (QS)"* gewählt. Dies ist eine spezielle Form des *Belohnungs- und Kontrollsystems.*
- Die Gestaltungskomponente Systemstruktur spezifiziert die eigentliche *Aufgabe* der mechatronischen Steuerung.
- Die Gestaltungskomponente Systementwurf bezieht sich auf *Entwicklung und Erneuerung.*
- Die Gestaltungskomponente *Realisierung* umfasst wesentlich die *Organisationsstruktur*, insbesondere das Ablaufmanagement.
- Die Gestaltungskomponente *Software-Projektmanagement (SW)* umfasst das *Entscheidungs- und Informationssystem.*

In diesem Beispiel sind also fünf der acht Gestaltungskomponenten in anderer Form verwendet und an das Software-Entwicklungsprojekt angepasst worden. Diese Form von Anpassung an den Anwendungsfall kann also sehr sinnvoll sein.

5

Wo bleibt die Unternehmenskultur?

Die Unternehmenskultur zeigt die Identität einer Organisation. Sie spiegelt sich in allen Systemelementen einer Organisationen, sowohl in den Kernprozessen als auch in den Zielen, Umsetzungsstrategien, Gestaltungskomponenten und dem Systemverhalten. Sie enthält auch die Geschichte einer Organisation und deren Zukunftserwartung (oder -hoffnung) und alle „unterirdischen" Strömungen in einer Organisation.

5.1 Unternehmenskultur und Systemverhalten

Wir haben bisher einen Bogen um die Frage gemacht, wo im OSTO-System-modell die Unternehmenskultur zu finden ist. Eine erste Antwort lautet in Übereinstimmung mit Rieckmann[1]:

> **»** *„Die Unternehmenskultur ist die sichtbare und spür-bare Wahrnehmung der Unternehmens-Identität."*

Die Identität einer Organisation drückt sich aus in der Summe aller Wechselwirkungen zwischen *allen* Systemelementen, also Zielen, Um-

---

[1] (Rieckmann 1997), S. 82.

© Der/die Autor(en), exklusiv lizenziert an Springer-Verlag GmbH, DE, ein Teil von Springer Nature 2025
R. Henning, K. Henning, *Organisationen verstehen und managen*,
https://doi.org/10.1007/978-3-662-70927-6_5

setzungsstrategien, Gestaltungskomponenten und dem Systemverhalten. Sie enthält auch die Geschichte einer Organisation und deren Zukunftserwartung (oder -hoffnung), sowie alle „unterirdischen" Strömungen in einer Organisation, die positiv oder negativ wirken. Vor diesem Hintergrund könnte man sagen: Unternehmenskultur ist ein Schatten oder Spiegel, der die Organisation ständig begleitet, gewissermaßen ein System unter dem System (Abb. 5.1).

Eine ausführliche und umfassende Beschreibung dessen, was Unternehmenskultur ist, findet sich bei Siegfried J. Schmidt.[2] Danach bewertet, deutet und gewichtet die Unternehmenskultur Beobachtungen unter folgenden Aspekten:

- Die Unternehmenskultur spiegelt sich in der internen und externen Kommunikation und schafft so eine kulturelle Orientierung der Organisation.
- Die Unternehmenskultur bewertet die internen und externen (Kommunikations-)Prozesse.
- Die Unternehmenskultur schafft einen Ausgleich zwischen den Denk- und Sichtweisen der Mitglieder einer Organisation und der in jeder Organisation erforderlichen sozialen Kontrolle.
- Die Unternehmenskultur passt die „Darstellungsgeschichte" an die sich ständig wandelnden Umwelten an.

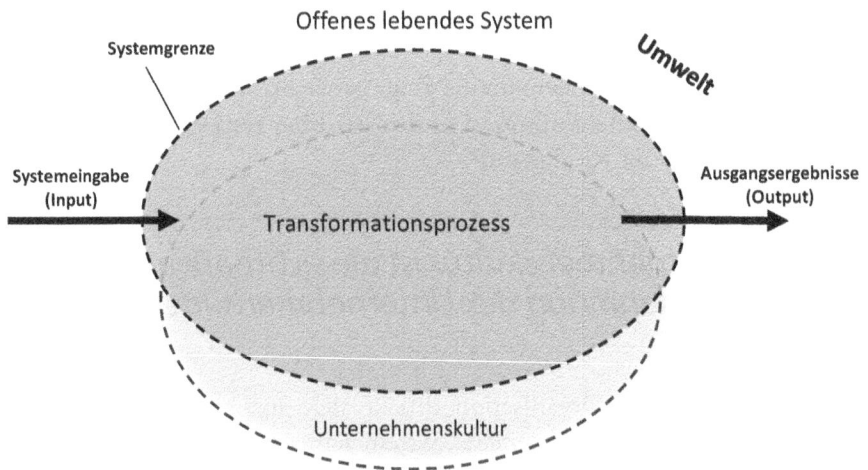

Abb. 5.1 Unternehmenskultur „unter" dem Transformationsprozess

---

[2] (Schmidt 2004) S. 110 ff.

Man kann es auch kürzer fassen. Andreas Rechel[3] fasst das so zusammen: *„Unternehmenskultur ist ein Orientierungssystem, das innerhalb einer Gruppe geteilt wird. Sie stellt so etwas wie die Persönlichkeit einer Organisation dar".* Vera Schuh[4] sagte dazu in einem Vortrag: *„Eine Organisation ist auch nur ein Mensch".*

In jedem Fall kann Unternehmenskultur nur indirekt beeinflusst werden und ist über die Zeit sehr stabil.

Aber wie verhält sich eine Organisation? Haben Sie sich schon oft gefragt, warum sich eine Organisation so verhält, wie sie sich verhält? Wir fragen also, wie in einer Organisation das Systemverhalten entsteht.

Es ist ein großer Irrtum, dass Führungskräfte immer wieder glauben, man könne Verhaltensänderungen durch direkte Intervention im Sinne einer Verhaltensanweisung durchsetzen. Eine Anweisung zu verändertem Verhalten ist damit „nur" eine der Rahmenbedingungen für Verhalten. Wir sprechen deshalb von „Systemverhalten" und nicht einfach von „Verhalten".

Im OSTO-Systemmodell ist das Systemverhalten das Ergebnis aus der Art und Weise wie die Gestaltungskomponenten aufeinander abgestimmt sind. Sie bilden die Rahmenbedingungen für das Verhalten einer Organisation. Aus dem Systemverhalten einer Organisation entstehen dann schließlich die Outputs.

In der Struktursicht einer Organisation bilden also Ziele, Umsetzungsstrategien, die Gestaltungskomponenten und das Systemverhalten eine aufeinanderfolgende Sequenz vom Input zum Output (Abb. 4.6).

Wir wollen nun einen Blick auf die Frage werfen: Wo bleibt im OSTO-Systemmodell die Unternehmenskultur?

5.2 Wirkungen der Unternehmenskultur im OSTO-Systemmodell

Unternehmenskultur schlägt sich grundsätzlich in allen Elementen des OSTO-Systemmodells nieder (Abb. 5.2). Diese Zusammenhänge werden wir im Folgenden darstellen.

Zunächst ist die Unternehmenskultur permanent unauffällig, aber dauerhaft verknüpft mit den unterirdischen Kulturströmungen, die in einer Organisation wirksam sind. Die Mitarbeiter einer Organisation sind Träger der kulturellen Strömungen in einer Gesellschaft und tragen diese jeden Tag in die Organisation.

---

[3] Andreas Rechel, https://www.linkedin.com/in/andreas-rechel-29bbaa11.
[4] Vera Schuh, https://www.linkedin.com/in/dr-dipl-ing-vera-schuh-8a215a11b/

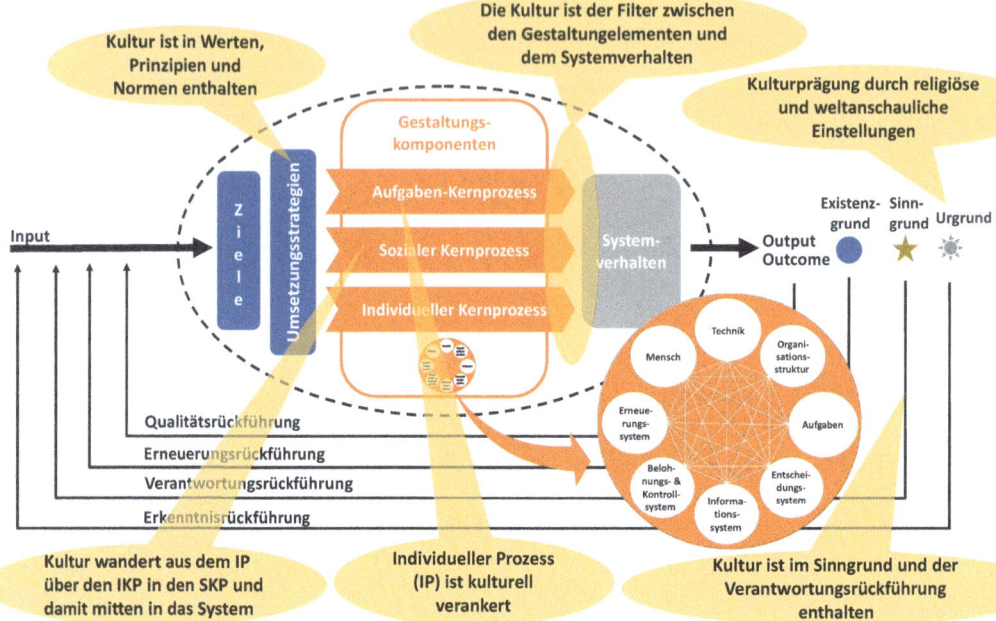

Abb. 5.2 Unternehmenskultur im OSTO-Systemmodell

Wesentlich prägnanter und fassbarer wird die Unternehmenskultur durch die Verantwortungsrückführung geprägt, in der sich die Sinngrundfragen spiegeln. Hier spielen Werte eine zentrale Rolle – und Werte prägen die Identität einer Organisation.

Kultur wird auch durch religiöse und weltanschauliche „Letztbegründungen" von Leben und daraus abgeleitetem Handeln geprägt. Dies wirkt in einer Organisation durch die Erkenntnisrückführung ein, die oft von Organisationen nicht bewusst verarbeitet wird.

Die verschiedenen kulturellen Einflüsse von außen schlagen sich in einer Organisation auch in den Umsetzungsstrategien nieder[5]: Mit welchen Werten, Prinzipien und Normen wollen wir unsere Ziele erreichen? In der Regel enthalten die Umsetzungsstrategien nur einige Aspekte der Unternehmenskultur. Viele Unternehmen versuchen die Unternehmenskultur durch spezielle Programme und teilweise auch zwangsverordnete Seminare und Prozesse zu verändern. In vielen Fällen bleiben diese Programme „auf dem Papier" bzw. „an der Wand". Jeder kennt sie und kaum einer lebt danach. Erst wenn

---

[5] Vgl. *Kulturveränderung oder kulturbasierte Veränderung?* (Schmitt et al. 2011).

solche Programme nicht im Vordergrund stehen, sondern Aspekte der Unternehmenskultur in notwendige Change-Prozesse eingebettet sind, kann eine Veränderung der Unternehmenskultur gelingen.

Beispiel weltweiter Konzern: In einem weltweit agierenden Industriekonzern wurde ein verpflichtendes Seminarprogramm zur Unternehmenskultur aufgelegt, dass sich inhaltlich sehr positiv darstellte und mit der Hoffnung verbunden war, dass sich die gelebte Unternehmenskultur entsprechend anpasst. Allerdings veränderten zahlreiche Führungskräfte ihr bisheriges Verhalten gar nicht, denn es fehlte dem Programm die emotionale Akzeptanz bei den teilnehmenden Führungskräften. Die gute Absicht hatte nicht die gewünschte Wirkung.

Ein weiterer wichtiger Aspekt ist, dass die Unternehmenskultur sich in den Kernprozessen niederschlägt. Zunächst enthält jeder Individuelle Prozess (IP) viele kulturelle Muster und Verhaltensaspekte. Diese schlagen sich dann im Individuellen Kernprozess (IKP) nieder und dieser wiederum steht in Wechselwirkung mit dem Aufgaben-Kernprozess (AKP). Beide zusammen spiegeln sich dann im Sozialen Kernprozess (SKP), in dem man häufig am deutlichsten Merkmale der Unternehmenskultur entdecken kann.

Es gibt allerdings im OSTO-Systemmodell einen Übergang, an dem die Unternehmenskultur besonders wirksam wird (vgl. Abb. 5.2), nämlich der Übergang von den Gestaltungskomponenten zum Systemverhalten. Diesen Zusammenhang hat Thilo Münstermann ausführlich untersucht.[6] Die Unternehmenskultur wirkt hier als ein Filter zwischen den Gestaltungskomponenten und dem Systemverhalten.

Die Kulturmerkmale können dabei einzelne Gestaltungskomponenten verstärken oder blockieren. Die in den Gestaltungskomponenten gesetzten Rahmenbedingungen laufen also durch eine Art „Kulturfilter“. Dieser Kulturfilter ist tief im Organisationsgedächtnis verankert. Dieses Organisationsgedächtnis wird dann immer im Systemverhalten sichtbar und spürbar. Wie man speziell Unternehmenskultur diagnostizieren kann, werden wir in Abschn. 6.7 betrachten.

Vielleicht erscheint dem Leser zu viel von Beobachten und Wahrnehmen die Rede und zu wenig vom Steuern. Wenn das so ist, dann ist eine wichtige Botschaft klar geworden: Systeme mit hoher Dynaxity muss ich intensiv wahrnehmen, beobachten und diagnostizieren. Das ist aufwändig und erfordert Geduld. Aber bei komplexen Systemen gilt:

---

[6] (Münstermann 2011).

Schon die Beobachtung eines Systems verändert das System. Deshalb ist die Art und Weise der Beobachtung und Diagnose einer Organisation von großer Bedeutung. So löst zum Beispiel die Art der Fragestellungen Lern- und Denkprozesse aus, die häufig direkt zu Verhaltensänderungen führen, und diese wiederum hängen von der gestellten Frage ab.

Beispiel Chemiestandort: Als der Chef einer unserer großen Kunden eines Chemiestandorts plötzlich verstarb, haben seine leitenden Mitarbeiter seinen Sarg ins Grab gesenkt, aber vorher kurz angehalten und gemeinsam ein Versprechen abgelegt, dass sie die Art und Weise der Führung ihres verstorbenen Chefs weiterführen wollen. Ein Versprechen, das sich in das Organisationsgedächtnis des Unternehmens eingeprägt hat und noch Jahrzehnte später im positiven Sinne wirksam war.

>> *Unternehmenskultur ist eine mächtige Kraft unter der Ebene des Transformationsprozesses. Sie beeinflusst diesen „von unten" und kann sowohl positive als auch negative Auswirkungen haben.*

6

Diagnose von Organisationen

Um die Eigenschaften komplexer Organisationssysteme besser zu verstehen, kann man sie mit der OSTO-Methode diagnostizieren. Man beginnt dabei mit der Umwelt und fragt dann schrittweise rückwärts nach Ursachen. Dabei gilt der Satz von David P. Hanna: „All Organization are perfectly designed to get the results they get".[1]

Man kann mit diesem Verfahren auch viele versteckte und inoffizielle Verhaltensweisen und Gestaltungskomponenten einer Organisation herausfinden. Manche davon sind unerwünscht und sind nie „beschlossen" worden, sondern haben sich im Laufe der Zeit entwickelt. Diese Merkmale, Gestaltungskomponenten und versteckten Ziele und Umsetzungsstrategien können positiv und negativ auf das Erreichen des Existenzgrundes wirken. In jedem Fall sollte man diese „Tiefenstruktur" einer Organisation kennen, bevor man etwas ändert.

6.1 Grundsätze der OSTO-Systemdiagnose

Wir wollen uns in diesem Kapitel der Diagnose einer Organisation zuwenden. Wir sprechen absichtlich nicht von „Analyse", weil damit im allgemeinen Sprachgebrauch eine quantitative Analyse gemeint ist. Dies ist *ein* Teil einer Diagnose. Eine Diagnose betrachtet eine Organisation als Lebewesen mit sei-

---

[1] (Hanna 1988) S. 38.

© Der/die Autor(en), exklusiv lizenziert an Springer-Verlag GmbH, DE, ein Teil von Springer Nature 2025
R. Henning, K. Henning, *Organisationen verstehen und managen*,
https://doi.org/10.1007/978-3-662-70927-6_6

nen sachlichen, emotionalen und verborgenen Aspekten. Für eine solche Diagnose gibt es einen wichtigen Leitsatz von David P. Hanna[2]:

» *„All organizations are perfectly designed to get the results they get" „Alle Organisationen sind perfekt so gestaltet, dass sie die Ergebnisse zu erzielen, die sie erzielen. "*

Es gibt also keine guten oder schlechten Ergebnisse und Outputs einer Organisation; es gibt die, die es gibt – egal ob sie positiv oder negativ sind. Und eine Organisation ist faktisch genau so ausgelegt, dass sie diese Ergebnisse erzeugt. Dabei hat man bei negativen Aussagen den Reflex: *„Das kann doch nicht wahr sein, was da passiert! Das darf doch da nicht rauskommen!"* Es kommt aber heraus, und dafür gibt es Gründe innerhalb der Organisation, die es zu erforschen gilt. Natürlich liegen diese Gründe nicht immer auf der Hand. Sie müssen nicht böse Absichten beinhalten, sondern ergeben sich oft aus der Art und Weise, wie die Gestaltungskomponenten offiziell und inoffiziell wirken und das Systemverhalten und damit die Outputs bestimmen. Hinzu kommen die oft schwer identifizierbaren Wirkungen aus der Unternehmenskultur, die ebenso Einfluss auf die Outputs nehmen.

Als Manager eines Systems ist man leicht verleitet, ganz schnell an den Zielen und Umsetzungsstrategien und an den Gestaltungskomponenten zu drehen, weil es ja so nicht bleiben darf.[3] Solange man aber die tatsächliche und aktuelle Funktionsweise einer Organisation nicht in genügender Tiefe verstanden hat, ist die Gefahr sehr groß, dass wichtige Dinge zerstört werden, die gut laufen. Diese Form von Aushalten und Geduld ist eine der schwierigsten Aufgaben für Führungskräfte.

» *Die Diagnose einer Organisation löst häufig direkt Veränderungen aus.*

---

[2] (Hanna 1988); S. 38.
[3] Leider begnügen sich auch viele Beratungsunternehmen mit Vorschlägen zum schnellen „Turn-around", die dann entweder nicht umsetzbar sind oder in ihren negativen Nebenwirkungen den Nutzen übersteigen. Vgl. (Henning 2015).

So beeinflusst bereits die Art von Fragestellungen unmittelbar das Systemverhalten. Dies kann Unsicherheit erzeugen, aber auch Hoffnungen und Erwartungen. Wenn etwa die Frage nach den Zielen der Organisation gestellt wird und ob alle Mitarbeiter das genau so sehen, wie man selbst, löst diese Frage bereits einen Veränderungsprozess aus. Das kann dazu führen, dass ohne weitere Eingriffe eine Auseinandersetzung mit den Zielen der Organisation erfolgt.

Es führt kein Weg an einer gründlichen Diagnose vorbei, wenn man nachhaltige Veränderungen einer Organisation einleiten will.[4] Der Grundgedanke der OSTO-Diagnose ist, ausgehend von den Outputs „rückwärts" in das System hineinzufragen:

* Welche Outputs verlassen das System?
* Welches Systemverhalten erzeugt die Outputs?
* Welche Gestaltungskomponenten erzeugen das beobachtete Systemverhalten?

Es ist wie bei einem Arzt: Ein guter Arzt verschafft sich erst einmal einen Gesamteindruck, fragt den Patienten viel zu Beschwerden, aber auch zur Gesamtsituation des Patienten. Natürlich wird die eine oder andere Messung durchgeführt, aber eine Therapie erfolgt erst nach einer gründlichen Diagnose. Es gibt aber Ausnahmen: Ein Arzt hat bei kritischen Situationen nicht viel Zeit und muss schnell entscheiden. So ist es auch bei der Führung einer Organisation. Wenn die Hütte brennt, muss man löschen und kann nicht anfangen zu diagnostizieren, warum das so ist. Aber Manager im „Feuerwehrmodus" sollten immer im Hinterkopf haben, dass man die Organisation meist nicht genau genug kennt, um den Kern der Krise zu erfassen.

Warum ist es so wichtig eine Organisation zu diagnostizieren? Um die Hintergründe einer Organisation genauer zu verstehen, müssen wir in ihre Tiefen gehen. Für die Manager und Mitarbeiter ist es interessant und wichtig zu wissen, aus welchen Gründen bestimmte Themenstellungen im Unternehmen eine große Rolle spielen und Andere fast nicht genannt werden. So spielen z. B. der Führungsstil, die Organisationsstruktur und das Maß der Delegation an eine nächste Führungsgruppe eine große Rolle. Ebenso bedeutsam ist die Frage nach internen Regeln und Verfahrensweisen in der Organisation, wie z. B.:

* Ist es erlaubt in der Arbeitszeit auf dem Flur zu stehen und sich zu unterhalten?
* Welche Regeln gelten in der mündlichen und schriftlichen Kommunikation innerhalb und außerhalb des Unternehmens?

---

[4] Henning, R., Strina, G. (2015)

- Was ist bei den internen Ablaufprojekten zu beachten?
- Gibt es unterschiedliche Vorgaben für die Ablaufprojekte, die man kennen muss?
- Wie verhält es sich mit Aufbau und Ablauf von technischen Projekten?
- Gibt es Vorgaben für Kooperationen und Kommunikation innerhalb einzelner Arbeitsabläufe und Projekte?

Diese und weitere Fragen werden bei der OSTO-Systemdiagnose berücksichtigt.[5]

6.2 Die Vorgehensweise von „rechts nach links"

6.2.1 Der klassische Weg der Diagnose

Wir wollen nun anhand des OSTO-Systemmodells die grundsätzliche Vorgehensweise betrachten, bevor wir in die einzelnen Schritte der Diagnose gehen. Das Besondere an der OSTO-Systemdiagnose ist, dass wir von „rechts nach links" vorgehen. Was ist damit gemeint? Man geht also von der Umwelt über die Outputs rückwärts in das Organisationssystem (Abb. 6.1).

Diese Vorgehensweise geht einem oft „gegen den Strich", denn man denkt viel lieber „von links nach rechts", also von den Zielen zu Umsetzungsstrategien und dann zu den Gestaltungskomponenten. Nein, es geht bei der Diagnose jedoch andersherum: Von rechts nach links von den Outputs zu den Zielen, also von außen nach innen vorgehen.

Die einzelnen Schritte sind in Abb. 6.1 markiert und werden hier zunächst im Überblick dargestellt. In den Abschn. 6.2 bis 6.4 werden die Diagnoseschritte dann detaillierter erläutert. Dabei ist es hilfreich, eine „Delta-Liste" mitzuführen, in der man alles notiert, was einem einfällt, was man (sofort) tun könnte oder sollte. Dann ist es gut „abgelegt", wird nicht vergessen und man kann sich wieder auf die Diagnose konzentrieren.

1. Wir beginnen mit der *Systemgrenze* und fragen, was zum untersuchten System gehört und was „draußen" ist.
2. Wir beschäftigen uns mit der für das System relevanten *Umwelt* und entwickeln daraus eine „Landkarte" der relevanten Umgebung.
3. Wir fragen nach dem *Existenzgrund* auf der Basis von vorliegenden Unterlagen, Internetauftritten, etc.

---

[5] In der Literatur finden sich viele Beispiele für die Anwendung der OSTO-Systemdiagnose, z. B.: *Gestaltungsansätze für ein systemisches Fakultätsmanagement*. In: (Bischoff et al. 2011).

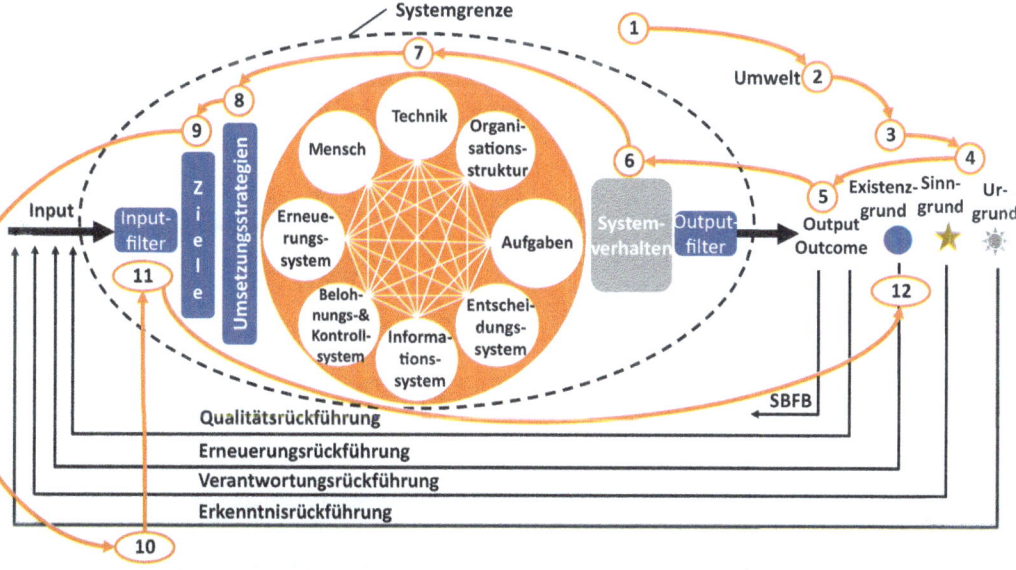

Abb. 6.1 Die OSTO-Systemdiagnose

4. In ähnlicher Weise ermitteln wir Aussagen zum *Sinngrund* und ggf. *Urgrund* der Organisation.

5. Erst auf dieser Basis fragen wir, welche *Outputs* aus der Organisation beobachtet werden können. Wir fragen aber ebenso welche Inputs die Organisation benötigt, damit sie arbeiten kann.

6. Und dann gehen wir „rückwärts" in das System und fragen im ersten Schritt: Welches *Systemverhalten* erzeugen die Outputs?

7. Und dann: Welche *Gestaltungskomponenten* erzeugen das Systemverhalten? Hier stößt man dann meistens auf den Kern der Probleme.

8. Welche *Umsetzungsstrategien* liegen hinter den Gestaltungskomponenten?

9. Welche *Ziele* liegen hinter den Umsetzungsstrategien?

10. Jetzt fragen wir, welche Einflüsse die Ziele „verursachen" in dem wir die *Rückführungen* in ihren Wirkungen auf die Ziele betrachten.

11. Schließlich gilt es die Wirkung und Effekte der *Systemfilter* zu betrachten.

12. Nachdem wir uns einmal rückwärts durch das System gearbeitet haben, fragen wir welcher *beobachtbare Existenzgrund* sich aus den identifizierten Zielen und Umsetzungsstrategien ergibt und welche Hinweise es ggf. in Bezug auf Sinngrund und Urgrund gibt.

Nach dieser „Reise" sollte man die wichtigsten Erkenntnisse in „Findings" festhalten. Zusammen mit den Ideen zu einem Redesign der Organisation aus der Delta-Liste hat man dann die Diagnose abgeschlossen. Wie es dann weitergeht, werden wir in Kap. 7 beschreiben: Redesign eines Organisationssystems.

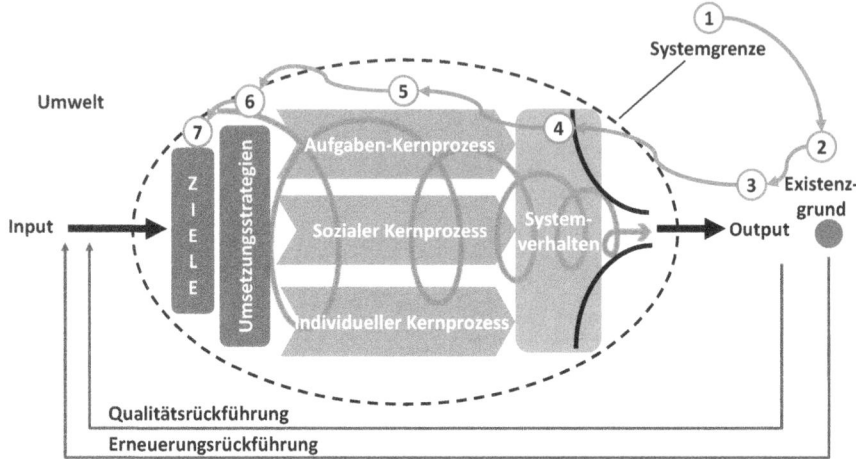

Abb. 6.2 Verkürzte Diagnose mit den drei Kernprozessen (Gramatke 2012, S. 9)

6.2.2 Verkürzte Diagnose mit Hilfe der Kernprozesse

In bestimmten Fällen kann es hilfreich sein, eine andere Variante der Diagnose zu verwenden (Abb. 6.2). Dazu wendet man das gleiche Verfahren an, betrachtet aber anstelle der Gestaltungskomponenten die drei Kernprozesse (AKP, SKP, IKP). Man kann in dieser Variante mit der Systemgrenze beginnen (Schritt 1) und dann direkt nach dem Existenzgrund fragen (Schritt 2). Danach sammelt man relevante Outputs (Schritt 3) und fragt nach dem Systemverhalten (Schritt 4). Nach der Sammlung des Systemverhaltens fragt man dann aber, welches Systemverhalten welchen der drei Kernprozesse zugeordnet werden kann (Schritt 5). Anschließend wendet man sich den Rückschlüssen auf die Umsetzungsstrategien und den Zielen zu (Schritte 6 und 7). Erst danach kann es ans Redesign gehen.

6.2.3 Diagnose mit Einzelinterviews

Da die Durchführung einer OSTO-Diagnose einige Übung erfordert und in der Regel in einem Team gemacht werden sollte, hat sich in der Praxis ein weiterer Weg als zielführend erwiesen, der den Einsatz externer Berater erfordert.

Es werden alle relevanten Führungskräfte einer Organisation mit speziell auf die Unternehmenssituation entworfenen Fragen in vertraulichen Interviews nach ihrer Einschätzung zu der Situation der eigenen Organisation gefragt. Dabei kommen viele Vorschläge zur Verbesserung der Situation zur Sprache. Die Interviews werden anonymisiert und zu „Findings" ausgewertet,

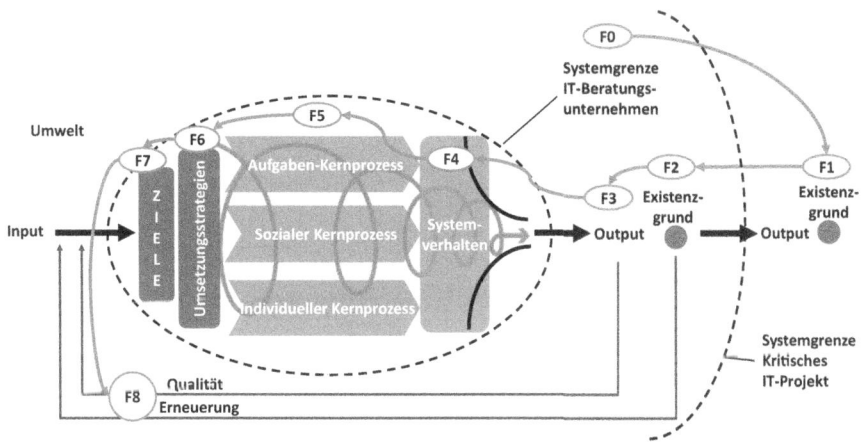

Abb. 6.3 Diagnose auf der Basis von Einzelbefragungen (Gramatke 2012, S. 19)

die jeweils den OSTO-Elementen zugeordnet sind. Auf dieser Basis validiert man dann die Ergebnisse der Beobachtungen, in dem man die Aussagen nach dem Diagnose Schema „rückwärts" durch das System verfolgt und nach logischen Verknüpfungen sucht. Die Änderungsvorschläge sind darin nicht enthalten, sondern werden getrennt für ein späteres Redesign gesammelt. Für ein großes IT-Projekt wurde die Diagnose mit Einzelinterviews angewendet, und zwar mit der Variante Rückschlüsse auf die Kernprozesse (AKP, SKP; IKP) zu ziehen (Abb. 6.3).

Dazu wurde das System der Software-Entwickler betrachtet. An die Mitglieder dieses Teams wurden in Einzelinterviews folgende Fragen gestellt:

F0 Systemgrenze: Welche Akteure gehören zu dem kritischen IT-Projekt?
F1 Welchen Existenzgrund hat das IT-Projekt des Kunden?
F2 Welchen Existenzgrund hat das Team der Software-Entwickler?
F3 Welche Ergebnisse haben Sie geliefert?
F4 Wie haben Sie sich verhalten?
F5 Was haben Sie konkret gemacht? Was waren die Aufgaben-Kernprozesse? Wie waren die Individuellen Kernprozesse? Welche Qualität hatte der Soziale Kernprozess?
F6 Wie wurde das Team der Software-Entwickler geführt? Was waren die Erfolgs- und Misserfolgsfaktoren des Teams?
F7 Welche Ziele haben Sie verfolgt?
F8 Wie haben Sie die Qualität der Outputs und Existenzgrundänderungen überwacht?

Auf der Basis der Ergebnisse der Interviews konnte dann eine sehr gute Diagnose erstellt werden. Ein solches angepasstes OSTO-Diagnose-Verfahren ist dann angesagt, wenn die Akteure in einer Organisation mit dem OSTO-Ansatz nicht oder zu wenig vertraut sind.

In den folgenden Kapiteln wollen wir die einzelnen Schritte der Diagnose näher betrachten und an Beispielen erläutern.

6.3   In welcher Umwelt bewegt sich das Organisationssystem?

Betrachten wir zunächst die ersten beiden Schritte der ausführlichen OSTO-Systemdiagnose (Abb. 6.4):

1. Wir beginnen mit der Systemgrenze und fragen, was zum untersuchten System gehört und was „draußen" ist?
2. Wir beschäftigen uns mit der für das System relevanten Umwelt und entwickeln daraus eine „Landkarte" der relevanten Umgebung.

6.3.1 Schritt 1 – Systemgrenze

Zunächst gilt es, die Systemgrenze zu ermitteln. Im Falle eines Unternehmens ist das relativ einfach, weil es zahlreiche klare gesellschaftsrechtliche Abgrenzungen gibt. Bei einer Abteilung eines Unternehmens oder einer Verwaltung ist es noch relativ einfach. Schwieriger wird es bei Konzernen mit

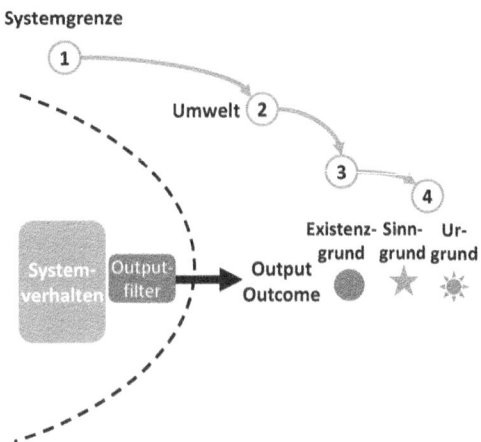

Abb. 6.4 Diagnose des Umfeldes (Schritte 1–4)

vielen Teilunternehmen in verschiedenen Teilen der Welt. Hier ist es wichtig, den relevanten Bezugsrahmen für die Grenze des Systems zu suchen, das diagnostiziert werden soll. Noch komplexer wird es, wenn man *Projekte* als lebende Organisationen betrachtet, weil häufig das „Projektsystem" Akteure des eigenen Unternehmens und des Kunden umfasst, wie wir das bereits am Beispiel „IT-Projekt" gesehen haben. Dabei können an Projekten sehr viele Unternehmen beteiligt sein, die zusammen das „Projekt-System" bilden. Oft sind es ganze Netzwerke von Akteuren, bis hin zu Einzel-Selbstständigen, die zusammen ein Projekt bilden (Abb. 6.5). Innerhalb großer Unternehmen sind das häufig interne Projekte die „horizontal" über viele Bereiche hinweg gehen und Akteure aus allen Bereichen enthalten.

6.3.2 Schritt 2 – Umwelt

Hat man die Abgrenzung des zu untersuchenden Systems von seiner Umwelt gefunden, gilt es, sich mit der Systemlandschaft auseinanderzusetzen, die das zu diagnostizierende System umgibt und eine „Systemlandkarte" zu entwickeln. Dabei geht es nicht nur um die Kunden und das Marktpotenzial, son-

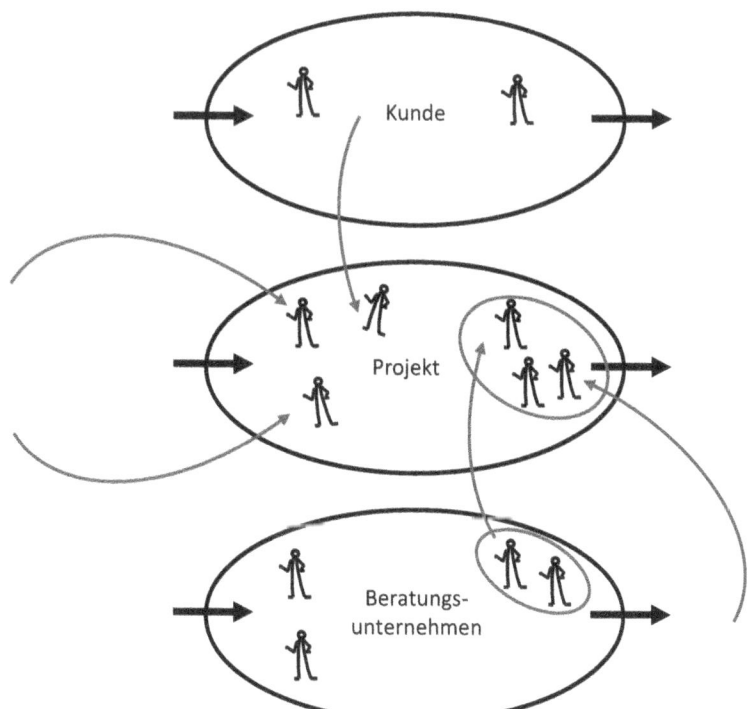

Abb. 6.5 Ein Projekt als betrachtete Organisation (Gramatke 2012, S. 15)

dern auch um Stakeholder, Aktionäre und nicht zuletzt um konkurrierende Unternehmen.

Beispiel mittelgroßes Krankenhaus: Hier beschreibt die „Systemlandkarte" wie das stark spezialisierte Krankenhaus von zahlreichen Konkurrenten umgeben ist und dabei noch einen großen Anteil an Forschungsinitiativen enthält (Abb. 6.6).

Man sieht, dass das Krankenhaus umgeben ist von zahlreichen großen Konkurrenten (und Partnern), die auf weiteres Wachstum ausgelegt sind. Es gibt ein großes Universitätsklinikum, das immer wieder kleinere Kliniken aufkauft. Ein weiterer Akteur ist eine große bundeseigene Forschungseinrichtung mit vielen Standorten und dem Wunsch, die Zahl ihrer Standorte zu erhöhen. Die eigene Existenz ist „nur" durch eine hohe Spezialisierung und eine sehr starke Patientennachfrage sowie durch eine hohe Reputation in der Forschung gegeben. Dadurch steht der Eigentümer des Krankenhauses fest hinter dieser Einrichtung, zumindest, solange sie schwarze Zahlen schreibt.

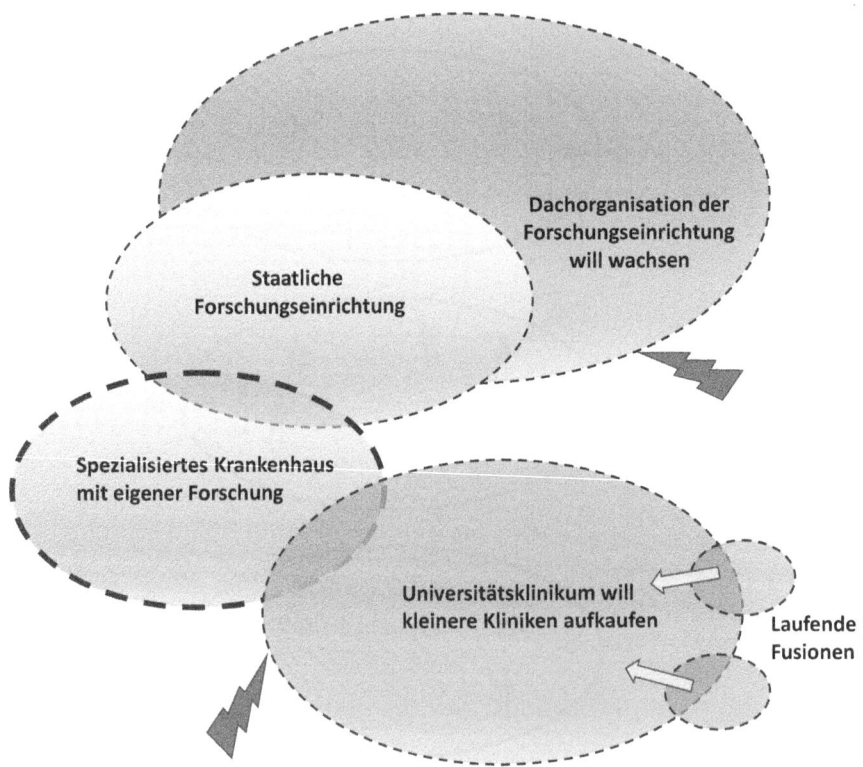

Abb. 6.6 Systemlandschaft eines spezialisierten Krankenhauses

Natürlich gehören in eine solche Systemlandkarte auch die Rollen von leitenden Personen der verschiedenen Akteure und deren Interessen, Einfluss und Machtposition innerhalb der Systemlandkarte.[6]

An dem Beispiel wird deutlich, welchen hohen Wert eine sorgfältig ausgearbeitete Systemlandkarte hat. Oft erkennt man schon daran einige grundsätzliche Richtungen, in die sich die betrachtete Organisation entwickeln könnte. Im betrachteten Beispiel könnte es z. B. sein, dass das spezialisierte Krankenhaus in seinem Volumen wachsen muss.

6.4 Hat die Organisation einen Existenzgrund und einen Sinngrund?

6.4.1 Schritte 3 und 4

Nach den ersten beiden Schritten fragen wir, inwieweit die Organisation einen klaren Existenzgrund hat, ob dieser nur „verschleiert" oder unbewusst da ist (vgl. Abb. 6.4). Wir fragen auch, ob hinter diesem Existenzgrund ein Sinngrund oder sogar ein Urgrund zu erkennen ist.

Beispiel Xenium AG: Auf der Homepage der Xenium AG[7] kommt einem eine sehr klare Aussage entgegen:

> „Wenn Sie eine helfende Hand benötigen, um ihr Digitalisierungsvorhaben voranzubringen oder um ihr IT-Projekt aus der Krise zu führen, steht Ihnen Xenium als unabhängiger Partner zur Seite."

Es ist offensichtlich, dass sich dieser Auftritt leicht in unser Formulierungsschema für den Existenzgrund umschreiben lässt:

> „Der Grund für die Existenz der Xenium AG ist das Bedürfnis von Kunden, die ihr Digitalisierungsvorhaben voranbringen wollen oder ein kritisches Projekt aus der Krise führen wollen, nach einem IT-Beratungsunternehmen, das IT-Projekte dieser Art führen kann und zwar in einem partnerschaftlichen Verhältnis zwischen Xenium und dem Kunden."

Fragt man nach dem Sinngrund, findet man auf den ersten Blick nichts. Allerdings hat schon die Formulierung *„Partnerschaft mit dem Kunden"* eine

---

[6] Diese sind in Abb. 6.6 nicht eingezeichnet. Dies sollte man aber in der Praxis immer tun.
[7] Die Ausführungen zur Xenium AG erfolgen mit ausdrücklicher Genehmigung des Unternehmens (https://www.xenium.com/).

Sinnebene. Auf der Homepage findet man noch einen weiteren Sinngrund-Hinweis: *„Professionell in der Sache, Persönlich im Umgang"* – zwei Anmerkungen, die Hinweise auf einen offensichtlich nicht veröffentlichen Sinngrund gibt.[8]

Unabhängig von diesem Beispiel sollte man auch etwas Aufmerksamkeit auf mögliche Neben-Existenzgünde oder multiple Existenzgünde legen. Die Chancen und Risiken von Neben-EG's und multiplen EG's hatten wir bereits in Abschn. 1.3 behandelt.

Beispiel Arztpraxis: Einen solchen multiplen EG kann man bei einer Arzt-Praxis bei der Anmeldung ganz einfach erkennen, wenn die Frage kommt: „Sind Sie Kassenpatient oder Privatpatient?" Bei diesem Beispiel werden Privatpatienten bevorzugt behandelt, weil diese für die Praxis deutlich höhere Einnahmen ermöglichen. Dieses Zweiklassensystem mag ungerecht erscheinen, ist aber aus Sicht der Arztpraxis als „Marktsegment" etwa in Höhe von 20 % der Patienten notwendig, um eine Arztpraxis mit genügend eigenem Einkommen betreiben zu können. Der EG „Privatpatienten" subventioniert also den EG „Kassenpatienten." Multiple Existenzgründe können also durchaus für das Überleben eines Organisationssystems notwendig sein.

6.5   Die „Rückwärts-Reise" von Output zu den Zielen

Nun können wir uns mit den jeweiligen Fragen (Schritte 5–9) auf die „Rückwärtsreise" von den Outputs über das Systemverhalten und die Gestaltungskomponenten zu den Umsetzungsstrategien und den identifizierbaren Zielen begeben (Abb. 6.7).

5. *Welche gewünschten und ungewünschten Outputs erzeugt die Organisation? Und welche Inputs verwendet sie?*
6. *Welche Verhaltensmuster erzeugen die Outputs?*
7. *Welche Gestaltungskomponenten erzeugen das Systemverhalten?*
8. *Welche Werte, Prinzipien, und Normen (Umsetzungsstrategien) sind hinter den Gestaltungskomponenten?*
9. *Welche bewussten und unbewussten Zielsetzungen liegen hinter diesen Beobachtungen?*

---

[8] Eine Veröffentlichung des Sinngrundes eines Unternehmens ist nicht unbedingt nötig, oft sogar schädlich, weil es vom eigentlichen Zweck einer Kooperation zwischen Unternehmen ablenkt.

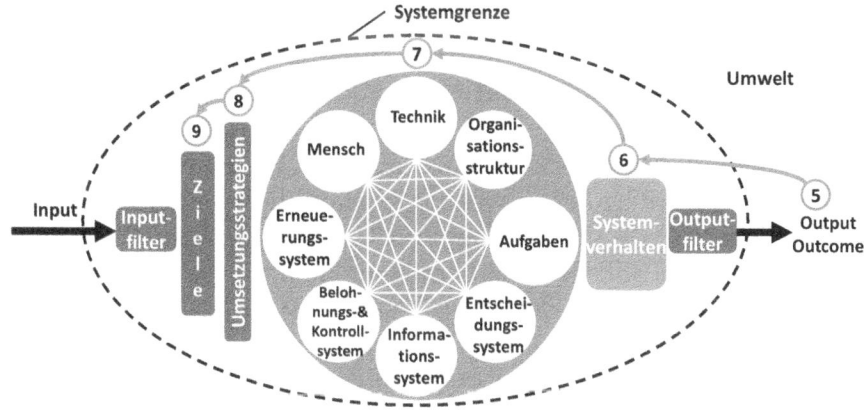

Abb. 6.7 Innendiagnose (Schritte 5–9)

6.5.1 Schritt 5 – Outputs und Inputs

Diese Reise wollen wir wieder an einem Beispiel erläutern, dieses Mal am Organisationssystem einer zweistelligen Anzahl von zentralen Operationssälen (OP's) eines Klinikums, die in einem Gebäude nebeneinander untergebracht sind und von mehr als zehn selbstständig agierenden operierenden Kliniken genutzt werden. In Abb. 6.8 ist zunächst dargestellt, woraus das untersuchte System besteht und welche Outputs und Inputs beobachtet werden können.

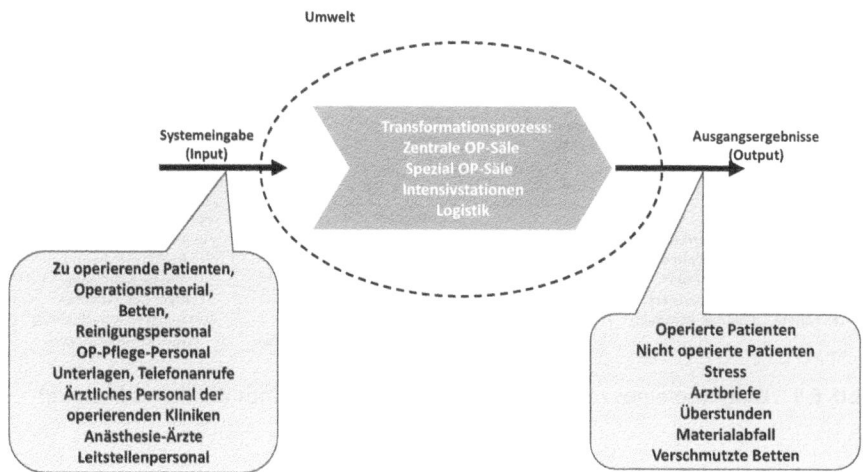

Abb. 6.8 Outputs und Inputs des Operationsbereichs eines Klinikums

6.5.2 Schritte 6–9 – Von den Outputs zu Gestaltungskomponenten, Umsetzungsstrategien, Ziele (Innendiagnose)

Neben zahlreichen Erfassungen von Daten und Fakten werden einzelne Outputs zurückverfolgt in Hinblick auf Systemverhalten und Gestaltungskomponenten und die dahinterliegenden Umsetzungsstrategien. Am Beispiel des zentralen OP-Bereichs ist dies in Abb. 6.9 auszugsweise dargestellt.

Man erkennt an dem Beispiel, dass man mit der OSTO-Diagnostik durchaus in die Tiefe einer Organisation vordringen kann. Im vorliegenden Beispiel hat es keinen Sinn gemacht, zwischen Umsetzungsstrategien und Zielen zu differenzieren, da offensichtlich kein gemeinsames Verständnis von Zielen und damit auch kein gemeinsames Verständnis des Existenzgrundes vorlag. Hier lag im weiteren Verlauf ein Hauptaugenmerk in der Entwicklung eines gemeinsam getragenen Existenzgrundes, auf dessen Basis dann eine zentrale Steuerung des OP-Bereiches eingerichtet werden konnte. Dieser Prozess war erfolgreich, dauerte allerdings einige Jahre. In der Praxis der OSTO-Systemdiagnose ist es hilfreich, sich immer nur *einen*

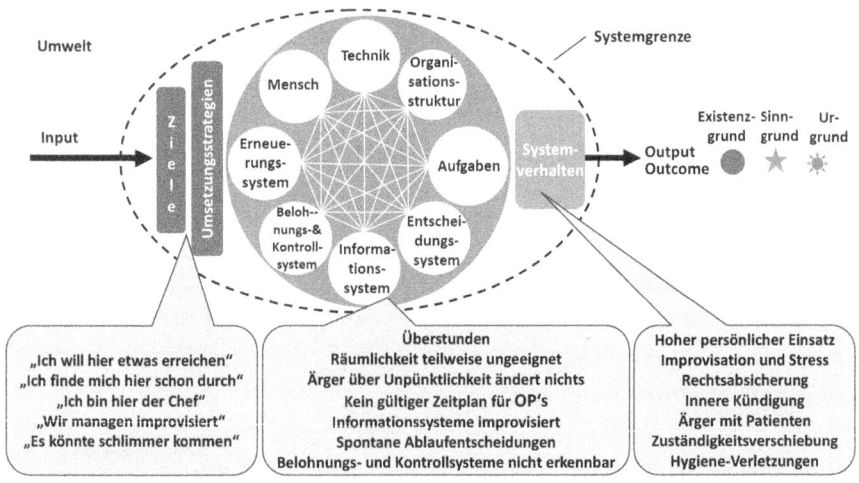

Abb. 6.9 Diagnose eines zentralen Operationsbereiches eines Klinikums (Auszug)

Output vorzunehmen und nach den dahinterliegenden Verhaltensmustern zu fragen: *„Welches Verhalten erzeugt den Output?"*.

Diese Vorgehensweise wiederholt man mit dem identifizierten Systemverhalten und wählt wiederum *ein* Systemverhalten heraus und fragt: Durch welche Eigenschaften der Gestaltungskomponenten wird dieses Systemverhalten erzeugt?

Es empfiehlt sich, diese Reise durch das Innere des Systems zunächst mit einem negativen Output zu beginnen und dann mit einem positiven fortzuführen. Nach mehreren Iterationsschritten erkennt man dann wiederkehrende Muster, Aussagen und Eigenschaften der Gestaltungskomponenten. Diese unternehmensspezifischen Muster gilt es zu bewerten. Sind diese Muster unbedingt erhaltenswert, damit die Organisation den Existenzgrund erreicht oder sind sie eher hinderlich?

Danach geht man anders vor: Man sucht Muster und Ähnlichkeiten bei den Gestaltungskomponenten und fragt: *„Welche Muster im Sinne von Umsetzungsstrategien erkenne ich: Warum sind die Gestaltungskomponenten so, wie ich sie beobachte?"* Dabei hat es sich bewährt, erst danach zwischen Zielen und Umsetzungsstrategien zu differenzieren.

6.6 Von den identifizierten Zielen zum beobachteten Existenzgrund

Nach den identifizierten Zielen geht es jetzt wieder schrittweise zu den Rückführungen, den Systemfiltern und dem beobachtbaren Existenzgrund (Abb. 6.10).

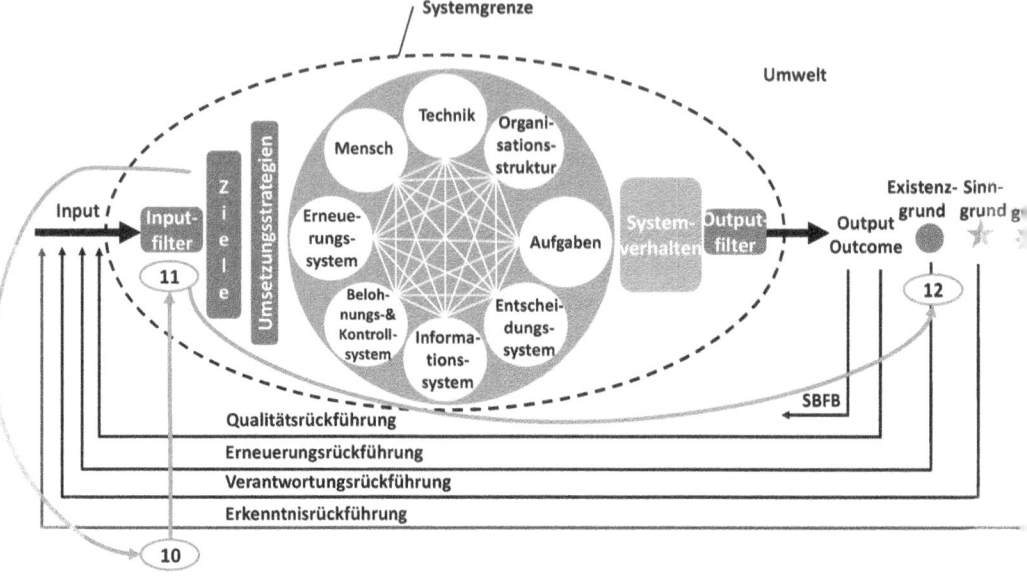

Abb. 6.10 Diagnose der Rückführungen und Filter (Schritte 10–12)

6.6.1 Schritt 10 – Rückführungen

Nach den identifizierten Zielen und Umsetzungsstrategien betrachtet man die Rückführungssysteme:

- *Qualität:* Welche Verfahren kann man für die Bewertung der Qualität des Outputs erkennen? Gibt es formale Monitoring-Verfahren? Erreichen die Qualitätsrückführungen die Organisation oder werden diese ignoriert?
- *Erneuerung:* Welche Verfahren werden zur Beobachtung des Existenzgrundes und der relevanten Umwelt eingesetzt? Finden diese Beobachtungen ihren Niederschlag, z. B. im Entwicklungs- und Erneuerungssystem?
- *Verantwortung:* Gibt es ein Rückführungs-System zur Frage, welche Verantwortung die Organisation für ihre Umwelt übernehmen sollte und ob diese nach innen und außen Sinn macht?
- *Erkenntnis:* Werden Fragen nach Einflüssen von soziologischen, kulturellen, ethischen und religiösen Strömungen einer jeweiligen Zeit auf die Organisation zugelassen? Oder ist dieses Thema tabu?

Von hier schließt man dann zurück auf den faktischen Existenzgrund, auch wenn es, wie im zuvor geschilderten Fall, keine gemeinsam getragene Übereinkunft zum Existenzgrund gab (vgl. Abb. 6.9).

6.6.2 Schritt 11 – Systemfilter

Nun geht es an die Systemfilter. In Abb. 6.1 ist dieser Schritt aus Übersichtsgründen nur für den Input-Filter dargestellt. Es geht aber um alle Filterprozesse des Organisationssystems, den Inputfilter, den Outputfilter sowie alle „gefilterten" Informations- und Kommunikationsprozesse, die das Organisationssystem verlassen oder in dieses eintreten (Abb. 6.11).

Dabei kann es sich auch um materielle Prozesse handeln, wie die nicht genehmigte Entnahme von Material oder Produkten. Ebenso könnte es sein, dass sich Personen im Organisationssystem aufhalten, von denen man gar nicht weiß, dass sie da sind. Welche Inputs werden am Input des Systems blockiert oder verboten? Das gleiche gilt für den Outputfilter: Was wird bewusst geheim gehalten und darf das System nicht verlassen? Welche Austauschprozesse mit der Umwelt finden trotzdem statt?

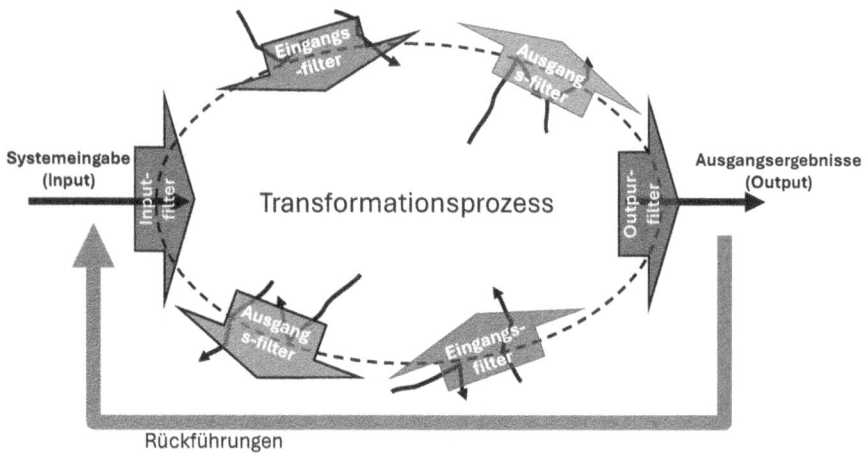

Abb. 6.11 Die undichte Systemgrenze und die Input- und Outputfilter

6.6.3 Schritt 12 Der beobachtbare Existenzgrund

Als letzter Schritt der Organisationsdiagnose versucht man den Existenzgrund aus der Summe der Beobachtungen, insbesondere aus den identifizierten Umsetzungsstrategien und Zielen, zu beschreiben. Manchmal wird das weitgehend identisch mit dem in Schritt 3 ermittelten Existenzgrund sein. Manchmal ergeben sich erhebliche Differenzen oder es ist kein Existenzgrund ermittelbar. Das kommt bei der OSTO-Systemdiagnose relativ häufig vor und ist dann für alle Beteiligten der diagnostizierten Organisation eine echtes „Aha"-Erlebnis, das zur Erneuerung der Ausrichtung der Organisation anspornt.

Beispiel Operationssäle: Im Beispiel der Operationssäle (OP's) könnte der diagnostizierte Existenzgrund heißen: *„Der Grund für die Existenz des zentralen OP-Bereichs ist das Bedürfnis der einzelnen Kliniken, ihre OP's mit höchster Priorität durchführen zu können und dabei Neben-, Rück- und Fernwirkungen auf andere Kliniken und OP-Säle weitgehend zu ignorieren."*

Nachdem wir die grundsätzliche Vorgehensweise bei der Diagnose dargestellt haben, wollen wir im folgenden Abschnitt einige Hinweise für die Diagnose geben. Danach wird sich im folgenden Kap. 7 die Frage stellen, wie es nach der Diagnose weitergeht. Wir nennen das das Redesign einer Organisation.

6.7   Hinweise zur OSTO-Systemdiagnose

Klassische OSTO-Systemdiagnose
Verwendet man die klassische Vorgehensweise mit der Struktursicht des OSTO-Systemmodells, sollte man dies im Regelfall mit einem kleinen Team von zwei bis acht verantwortlichen Personen durchführen. Die Führung sollte ein in der OSTO-Methodik ausgebildeter Mitarbeiter übernehmen.[9] Es ist von Vorteil, wenn zumindest ein Teil des diagnostizierenden Teams eine einschlägige Qualifizierung zur OSTO-Methodik mitbringt.

---

[9] Die moderierende Person sollte eine einschlägige OSTO-Qualifikation mitbringen. Sie kann aus der eigenen Organisation, aus einem anderen Unternehmen mit OSTO-Qualifizierungen kommen oder durch einen externen entsprechend erfahrenen OSTO-Berater erfolgen.

Verkürzte OSTO-Systemdiagnose

Bei der verkürzten Diagnose mit den drei Kernprozessen ist in der Regel eine externe entsprechend qualifizierte Person (oder Team) erforderlich, die mit der Differenzierung zwischen den drei Kernprozessen gut umgehen kann[10] (vgl. Abb. 6.2). Selbst wenn die Person, die den Diagnoseprozess initiiert, sich in der Methodik sicher fühlt, sollte sie auf keinen Fall die Moderation übernehmen, da sie als „systemkundige" Person für die Adressierung von Fragen erforderlich ist.

OSTO-Systemdiagnose mit Interviews

Bei der *dritten Variante mit Interviews* geht an einer externen Begleitung durch erfahrene OSTO-Berater kein Weg vorbei. Einerseits muss die Geheimhaltung der vorlaufenden Interviews sichergestellt werden. Andererseits ist hier der Aufwand der Diagnose vom Transkribieren der Interviews bis zur Sortierung zu Findings und ihrer Zuordnung zu den Elementen des OSTO-Systemmodells sehr hoch.

Der Sonderfall der OSTO-Kulturdiagnose

Ein Sonderfall stellt die Diagnose der Unternehmenskultur mit Hilfe des OSTO-Systemmodells dar. Wir hatten in Kap. 5 gezeigt, dass sich Unternehmenskultur in fast allen Elementen des OSTO-Systemmodells spiegelt. Hierfür hat sich ein Verfahren nach Münstermann[11] bewährt, in dem man den Kulturfilter zwischen den Gestaltungskomponenten und dem Systemverhalten betrachtet (Abb. 6.12).

Zunächst entwickelt sich aus den Gestaltungskomponenten das Systemverhalten. Münstermann geht nun davon aus, dass zusätzlich die Unternehmenskultur das Systemverhalten unmittelbar beeinflusst und dieses wiederum in einem internen Rückkopplungsprozess die Unternehmenskultur prägt. Die Unternehmenskultur manifestiert sich dann auch in den Gestaltungskomponenten.

Für die Diagnose nimmt man in diesem Fall einen zusätzlichen Schritt vor. Der Schritt 7 „*Welche Gestaltungskomponenten erzeugen das Systemverhalten?*" wird ergänzt durch einen Schritt 7*: „*Welche kulturellen Eigenschaften erzeugen das Systemverhalten?*" Diese Erkenntnisse spiegelt man dann an den identifizierten Gestaltungskomponenten und sucht nach Wechselwirkungen zwischen Systemverhalten, Unternehmenskultur und Gestaltungskomponenten.

---

[10] Hier gilt Entsprechendes wie bei der klassischen OSTO-Systemdiagnose.
[11] (Münstermann 2011).

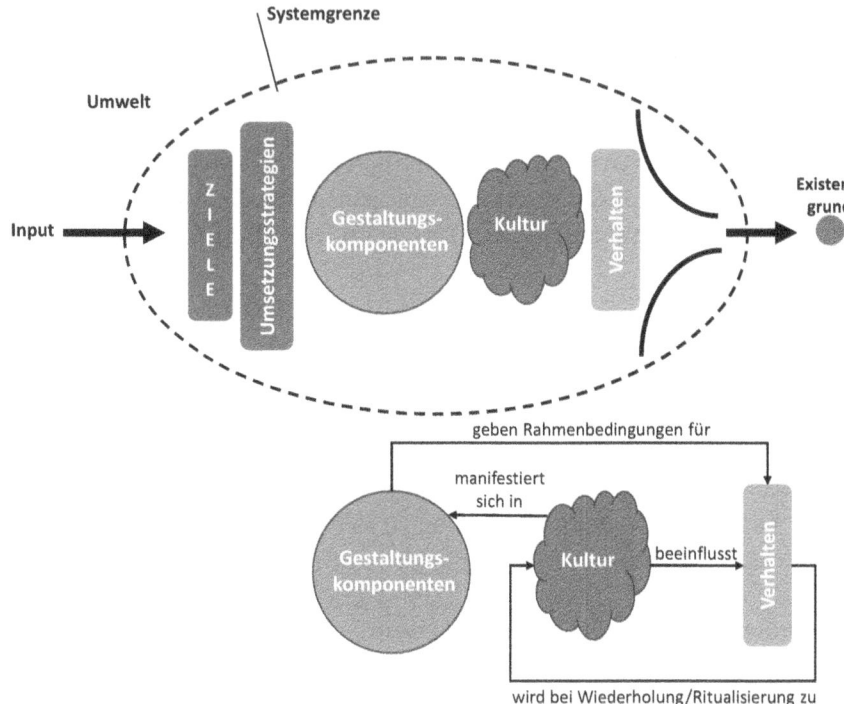

Abb. 6.12 Diagnose der Unternehmenskultur mit dem OSTO-Systemmodell (Nach Münstermann 2011, S. 70)

Wie lernt man die OSTO-Systemdiagnose?

Eine abschließende Bemerkung zu den Diagnose-Verfahren: Wir hatten schon erwähnt, dass es in vielen Fällen sinnvoll ist, Externe mit ausreichender Erfahrung zur OSTO-Systemdiagnose hinzuzuziehen, die dann am besten gleich eine interne Qualifizierung vornehmen sollten. Man kann sich das Verfahren aber auch über spezielle Seminare erwerben, die von einigen Beratungsunternehmen angeboten werden.[12]

Nun aber wollen wir uns endlich der Frage zuwenden, wie auf der Basis einer gründlichen Systemdiagnose ein Redesign-Prozess erfolgen kann.

---

[12] https://vierdrittel.com/; https://henning4future.com/

7

Redesign eines Organisationssystems

Auf der Basis der OSTO Systemdiagnose einer Organisation gibt es viele Hinweise, was geändert werden sollte, könnte oder müsste. In komplexen Organisationen ist das aber gar nicht einfach. Oft verpuffen aufwändige Change-Ansätze, weil sie viel zu viel auf einmal wollen; manchmal greifen sie an der falschen Stelle ein.

Bei Organisationen mit hoher Dynaxity geht es in besonderer Weise darum, mit möglichst wenig Aufwand möglichst viel zu erreichen. Dabei hilft die Kunst der kleinen Lösung, diejenige Stelle zu finden, an der man mit kleinen Eingriffen eine möglichst hohe Wirkung erzielt, die möglichst auch auf Nachbarbereiche in positiver Weise abstrahlt.

Und dann geht es um die Frage, wie eine systemische Steuerung des Umsetzungsprozesses aussehen kann.

7.1 Vorgehensweise von „links nach rechts"

Auf der Basis der OSTO-Diagnose kann nun ein Redesign der Organisation erfolgen (Abb. 7.1). Dafür gibt es wieder einen wichtigen Leitsatz von David P. Hanna:[1]

---

[1] (Hanna 1988), S. 36.

© Der/die Autor(en), exklusiv lizenziert an Springer-Verlag GmbH, DE, ein Teil von Springer Nature 2025
R. Henning, K. Henning, *Organisationen verstehen und managen*, https://doi.org/10.1007/978-3-662-70927-6_7

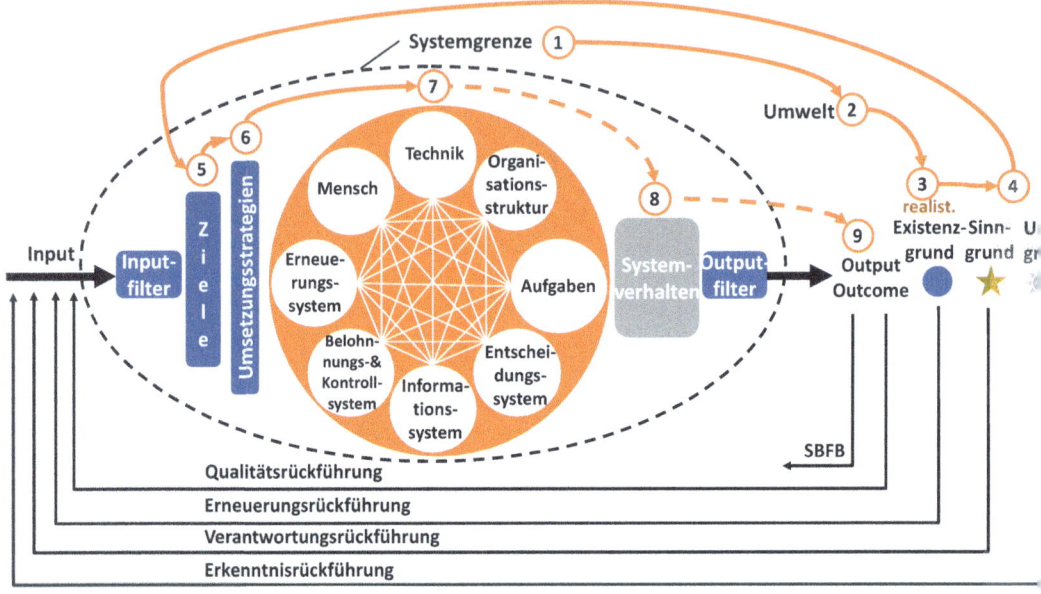

Abb. 7.1 Redesign einer Organisation

» *„If you change the design, be careful not to disturb what's working well now." „Wenn Sie Gestaltungskomponenten ändern, achten Sie darauf, dass das, was jetzt gut funktioniert, nicht gestört wird."*

Es gehört zu den wesentlichen Eigenschaften lebender Organisationen, dass sie in Teilen extrem robust gegenüber Veränderungseingriffen sind. Sie sind aber gleichzeitig „sensibel" und reagieren auf Änderungseingriffe dann sehr stark. Deshalb ist es so wichtig, beim Redesign behutsam und sorgfältig vorzugehen. Denn die unerwünschten Nebenwirkungen eines Eingriffs können auch schnell mehr kaputt machen als Nutzen bringen. Insbesondere ist der Fall kritisch, wenn durch Eingriffe (versehentlich) etwas, das gut läuft, zerstört wird. Das bezieht sich dann oft auf Funktionsweisen, Abläufe und Wechselwirkungen innerhalb der Organisation, die nicht offiziell sind, aber einen enormen Beitrag zum Erreichen des Existenzgrundes leisten. Wir gehen beim Redesign in folgenden Schritten vor:

1. Wir überprüfen die *Systemgrenze*, ob sie zu eng oder zu weit ist. Müssen die Input- und Output Filter neu justiert werden?

2. Wir überprüfen den Umgang mit der *Umwelt*, insbesondere welche Relevanz die einzelnen Akteure aus der Systemlandkarte in absehbarer Zukunft haben werden.

3. Dann gilt es den *Existenzgrund* zu überprüfen und ggf. neu zu entwickeln.

4. Je nach Situation muss auch der *Sinngrund* und ggf. der *Urgrund* betrachtet werden – was insbesondere bei NGO's[2] oder auch kirchlichen Einrichtungen eine große Rolle spielt.

5. Dann geht es ins System, aber dieses Mal von „links nach rechts", also zunächst zu den *Zielen*. Die Ziele sind im wesentlichen eine Ableitung aus dem (neuen) Existenzgrund. Was muss bei den Zielen unbedingt beibehalten, was muss geändert, und was muss neu eingeführt werden?

6. Es folgt die Frage, ob die Werte, Prinzipien und Normen der *Umsetzungsstrategien* passen. Hat sich im Schritt 4 eine Änderung von Sinngrund- und Urgrund-Aspekten ergeben? Welche Konsequenzen hat das für die Umsetzungsstrategien? Was hat sich aus der Diagnose der Organisationskultur ergeben, die in die Werte, Prinzipien und Normen einfließen sollten?

7. Jetzt erst geht es an die Planung von möglichen Eingriffen in die *Gestaltungskomponenten,* die mit äußerster Sorgfalt geplant und geprüft werden müssen.

8. Dabei gilt es abzuschätzen, wie sich die Veränderungen und Wechselwirkungen der Gestaltungskomponenten auf das *Systemverhalten* auswirken – das können mögliche positive oder und negative Auswirkungen sein.

9. Schließlich geht es um die Abschätzung von Wirkungen auf den *Output* und den *Outcome*[3] und um die Frage, wie Änderungen der Gestaltungskomponenten durch die Rückführungen beobachtet und gemessen werden können. Dabei wird häufig der finanzielle Aspekt der Outputs, der sich im Outcome niederschlägt, unterschätzt.

Durch die Schritte 1–6 werden die Rahmenbedingungen gesetzt, unter denen die Organisation handelt und handeln soll. Dies sind für Schritt 7 die Rahmenbedingungen für Führungsentscheidungen konkrete Eingriffe in die Gestaltungskomponenten. Das ist der eigentliche Handlungsraum zur Veränderung einer Organisation.

Erst bei und nach der Umsetzung von Maßnahmen zeigt sich, wie sich aufgrund der Eingriffe in die Gestaltungskomponenten das Systemverhalten entwickelt. In Abb. 7.1 sind die Pfeile von den Gestaltungskomponenten in Richtung Output gestrichelt gezeichnet. Damit soll ausgedrückt werden, dass man erst in der Folge erkennen kann, ob sich die Outputs in die gewünschte

---

[2] https://de.wikipedia.org/wiki/Nichtregierungsorganisation.

[3] „Outcome" bezeichnet die wirtschaftliche Bewertung des Outputs (vgl. Abschn. 2.2).

Richtung entwickeln und welche (unerwarteten) Rück-, Fern- und Nebenwirkungen entstehen.

Im nächsten Abschnitt betrachten wir die einzelnen Schritte im Detail.

7.2   Überprüfung des Umfelds

Zunächst sind die Schritte 1–4 zu betrachten.

7.2.1   Schritt 1 – Systemgrenze

Bei der Überprüfung der Systemgrenze geht es um die Frage, wer und was zu
dem Organisationssystem gehört und wer oder was nicht dazugehört. Dies
scheint trivial zu sein, ist es aber in der Praxis häufig nicht. Es kann z. B. schwierig sein zu entscheiden, ob ein langjährig engagiertes Beratungsunternehmen
dazugehört oder nicht. Ebenso kann es sein, dass man relevante Akteure vergessen hat, die in das betrachtete Organisationssystem gehören. Häufig macht
es auch Sinn Personen und Einrichtungen, die sich nahe an der Systemgrenze
befinden, entsprechend zu kennzeichnen.

Wenn sich bei diesem Schritt zeigt, dass die Systemgrenze falsch gewählt
wurde, muss man ggf. mit der neuen Systemgrenze zurück in die Diagnose
und überprüfen, welche Änderungen sich dadurch in der Diagnose ergeben.

Ein typischer Fall ist, dass ein Bereichsleiter eines Unternehmens eine Diagnose macht und dabei das ganze Unternehmen als System betrachtet hat.
Wenn es aber an das Redesign geht, hat er als Bereichsleiter oft gar nicht den
Hebel und die Möglichkeit bestimmte Dinge im Unternehmen zu ändern, weil
er dafür zum Beispiel die Geschäftsleitung braucht. Es ist dann oft zielführender,
die Systemgrenze auf den eigenen Bereich zu beschränken und damit zu Ergebnissen zu kommen, die in der Umsetzung in der eigenen Verantwortung liegen.

7.2.2   Schritt 2 – Umwelt

Eine wichtige Frage ist es, wie sich die relevante Umwelt in absehbarer Zukunft entwickeln wird. Welche kurz-, mittel- und langfristigen Tendenzen
sind erkennbar? Wie wird sich das Verhalten relevanter Stakeholder verändern? Wird sich möglicherweise die Eigentümerstruktur verändern oder steht
eine Übernahme oder Fusion bevor? Gibt es aus dem politischen Bereich Umbrüche durch veränderte Regeln, Zölle und Auflagen? Welche Rolle spielen
aktuelle Kriege für die eigene Organisation?

Diese Form der möglichen zukünftigen Entwicklung proaktiv zu betrachten, ist in turbulenten Umgebungen absolut notwendig, um zu vermeiden, dass man von externen Ereignissen überrollt wird. Dabei ist es für den Redesign-Prozess wichtig, zu versuchen, relevante von irrelevanten Veränderungen der Umwelt zu unterscheiden. Dazu ist es zweckmäßig, die möglichen Veränderungen zeitlich und nach inhaltlichen Prioritäten zu sortieren. Veränderungen, die in den nächsten zwei bis fünf Jahren zu erwarten sind, haben dann häufig Auswirkungen auf den Existenzgrund. Längerfristig zu erwartende Veränderungen spiegeln sich häufig in Auswirkungen im Sinngrund und Urgrund und sind nicht unmittelbar relevant.

7.2.3 Schritt 3 – Existenzgrund

Für den nächsten Schritt braucht man den zu Beginn ermittelten (offiziellen) Existenzgrund der Organisation. Zusätzlich benötigt man *den* Existenzgrund, den man aus den diagnostizierten Zielen und Umsetzungsstrategien abgeleitet hat. Meistens stimmen diese beiden Existenzgründe nicht überein.

Der Redesign-Prozess des Existenzgrundes kann kleinere Eingriffe enthalten, aber auch sehr grundsätzlich werden. Wenn der offizielle und der diagnostizierte Existenzgrund sehr weit auseinanderliegen, sollte sich der Redesign-Prozess auf die Entwicklung eines neuen Existenzgrundes beschränken. Erst auf der Basis eines von allen relevanten Akteuren anerkannten und verabschiedeten neuen Existenzgrundes macht es dann Sinn, die weiteren Schritte zu gehen.

Beispiel OP-Säle: Bei der Diagnose eines zentralen OP-Bereichs musste sich das Redesign zunächst darauf beschränken, mit dem Vorstand des Klinikums und allen beteiligten Klinikchefs einen gemeinsam getragenen Existenzgrund für den zentralen OP-Bereich zu entwickeln und zu verabschieden. Dieser Prozess erforderte mehrere Arbeitsgruppen, die sehr unterschiedliche Existenzgründe formulierten, weil zum Teil Partikulär-Interessen einzelner Gruppierungen im Vordergrund standen. In einem solchen Fall kann der gemeinsame Existenzgrund nicht verordnet werden. Es sind viele Workshops, Gruppen- und Einzelgespräche erforderlich. Erst ein „innerer Konsens" ist wirklich tragfähig. Der Redesign-Prozess des Existenzgrunds dauerte in dem Beispielfall mehrere Wochen bis zu einer finalen Übereinkunft:

„Der Grund für die Existenz des OP-Systems des Klinikums ist das Bedürfnis von Menschen nach ärztlicher/pflegerischer und menschlicher Krankenversorgung im OP-Bereich unter wirtschaftlich vertretbaren Bedingungen auf dem neuesten medizinischen und technischen Stand bei gleichzeitiger Methodenentwicklung und Ausbildung von Ärzten und Pflegekräften."

7.2.4 Schritt 4 – Sinngrund und Urgrund

Je nach den Ergebnissen aus der Diagnose müssen auch Sinngrund und Urgrund näher betrachtet werden.

Beim *Beispiel des Redesigns eines zentralen OP-Bereichs* können Sinn- und Urgrundaspekte nicht ignoriert werden. Es geht da oft um kritische Situationen bis hin zu akuter Lebensgefahr. So wurde in dem gewählten Beispiel als Sinn häufig genannt *„Gutes zu tun"*, *„Menschenleben zu retten"* oder *„das Unmögliche möglich machen"*. In diesem Zusammenhang spielen auch Sinnfragen für Patienten und Personal eine große Rolle. Gleichzeitig spielen die Fragen nach Tod und Leid und die möglichen Antworten darauf eine große Rolle. Das kann positive Energien freisetzen, aber auch zu Grenzen der menschlichen Handlungsfähigkeit führen. Wie geht die Organisation damit um? Das wäre eine Leitfrage der Erkenntnisrückführung, die es dann beim Redesign von Zielen und Umsetzungsstrategien zu beachten gilt.

Ein zweites Beispiel bezieht sich auf kirchliche Einrichtungen. So kann ein katholisches Bistum als eine lebende Organisation betrachtet werden, bei der der Urgrund eine zentrale Rolle spielt, nämlich der Glaube an Jesus Christus als den Sohn Gottes. Dieser Urgrund ist in diesem Fall nicht eine „Privatsache", sondern der zentrale Hintergrund, warum es diese Organisation gibt. Der Urgrund sollte sich in diesem Fall auch im Existenzgrund des Bistums wiederfinden.

Ein drittes Beispiel macht deutlich, dass Sinngrundströmungen nicht stabil sein müssen. Wir hatten das am Beispiel des Automobilunternehmens Volvo bereits in Abschn. 1.4 betrachtet (vgl. Abb. 1.9). Volvo musste im Jahr 2024 ein Redesign des Existenzgrundes vornehmen, weil der Markt sich ein Stück „zurückgedreht" hatte. Der völlige Umstieg auf E-Autos bis zum Jahr 2030 schien dem Unternehmen zu riskant und es sah sich gezwungen, Verbrennungsmotoren wieder in den Existenzgrund einzuschließen.[4] Der Sinngrund des Unternehmens bleibt in diesem Fall unverändert, aber der Existenzgrund musste an die Nachfragen des Marktes angepasst werden.

Soweit zur Bedeutung des Redesign des Existenzgrundes und dem damit verbundenen Sinngrund und Urgrund.

---

[4] Vgl. https://www.derstandard.de/story/3000000235231/volvo-macht-verbrenner-ausstieg-rueckgaengig.

7.3 Jetzt geht's nach innen: Von den Zielen bis zu den Gestaltungskomponenten

Für das Redesign im Inneren des Systems gehen wir nun von links nach rechts vor (vgl. Abb. 7.1).

7.3.1 Schritt 5 – Ziele

Auf der Basis der bisherigen Schritte überprüft man dann die Ziele. Aus der Diagnose ergibt sich meist, dass ein Teil der Ziele unbedingt bleiben muss. Das Kriterium ist, ob der Existenzgrund in den Zielen präzise abgebildet ist. Dabei sollen die Ziele „nur" darstellen, *was* erreicht werden soll, und nicht wie es erreicht werden kann. Als Beispiel sei hier die Ableitung der Ziele aus dem Existenzgrund der Xenium AG genannt (vgl. Kap. 6, Schritt 3)[5]

- *„Wir sorgen für eine effiziente Arbeitsteilung aller Partner.*
- *Wir sorgen dafür, dass IT-Systeme leisten, was die Fachabteilung braucht.*
- *Wir integrieren Teilsysteme des Kunden zu einem funktionierenden, redundanzfreien, modularen Ganzen.*
- *Wir stellen sicher, dass die Lösung effizient und zu angemessenen Kosten betrieben werden kann."*

7.3.2 Schritt 6 – Umsetzungsstrategien

Bei den Umsetzungsstrategien empfiehlt sich eine Einteilung nach der in Abschn. 2.4 abgeleiteten Gliederung nach Werten, Prinzipien und Normen.

Beispiel der Xenium AG:
„Werte":
Wir sind unabhängig.
Wir achten die Rahmenbedingungen und Regeln unserer Kunden.
Wir arbeiten daran, die Sprache der Entwickler, Betreiber, Nutzer zu verstehen und zu sprechen.
„Prinzipien":
Wir bilden uns eine eigene Meinung.
Wir haben keine fertigen „Blueprints".

---

[5] Die Ausführungen zur Xenium AG erfolgen mit ausdrücklicher Genehmigung des Unternehmens (https://www.xenium.com/).

Wir suchen immer die in der gegebenen Situation für diesen Kunden angemessene Lösung.
„Normen":
Wir arbeiten sorgfältig, präzise und zuverlässig.
Wir achten auf hohe Qualität in der Umsetzung.

Es empfiehlt sich bei den Umsetzungsstrategien immer die Kategorien Werte, Prinzipien und Normen zu beachten.

7.3.3 Schritte 7–9 – Gestaltungskomponenten und prognostiziertes Verhalten und Outputs

Bei den Gestaltungskomponenten geht es jetzt ins „Eingemachte". An welchen „Stellschrauben" soll man eingreifen, um die Rahmenbedingungen für eine bessere Ausrichtung auf die Ziele und Umsetzungsstrategien zu erreichen?
Arbeitsschritt 1: Potenzielle Maßnahmen planen
Es ist hier zu empfehlen, zunächst viele potenzielle Maßnahmen zu planen und deren Wechselwirkungen innerhalb der Gestaltungskomponenten sorgfältig zu diskutieren.
Arbeitsschritt 2: Bewertung der möglichen Maßnahmen
Dann sortiert man die möglichen Eingriffe nach ihrer Effizienz: Welche erfordern einen möglichst geringen Aufwand durch Änderung von möglichst nur einer Gestaltungskomponente? Diese Maßnahme sollte dabei eine starke (gewünschte) Wechselwirkung zu den anderen Gestaltungskomponenten erzeugen. Und es ist zu prüfen, welche unerwünschten Rück- Neben- und Fernwirkungen eventuell eintreten könnten.
Arbeitsschritt 3: Prognose des Systemverhaltens
Schließlich müssen für jede Maßnahme die Auswirkungen auf das Systemverhalten (Schritt 8) und die erwarteten Outputs (Schritt 9) prognostiziert werden.
Arbeitsschritt 4: Zeitliche Sortierung möglicher Maßnahmen
Nach diesem Arbeitsschritt kommt man zu einer Sortierung der möglichen Maßnahmen nach kurz-, mittel- und langfristig und einer Priorisierung innerhalb der jeweiligen Zeitfenster.
Arbeitsschritt 5: Auswahl einer prioritären Maßnahme
Als letztes kommt die eigentliche systemische Selbstdisziplin: Mit welcher *einen Maßnahme* kann ein erster Eingriff gestartet werden? Vorzugweise wählt man dazu eine kurzfristige Maßnahme.

Es kann aber sein, dass aufgrund der Gesamtsituation des Unternehmens gleichzeitig viele Maßnahmen erfolgen müssen, weil die Zeit drängt. In diesem Fall ist die Einrichtung einer *zentralen* Projektsteuerung mit regelmäßigen Reviews in kurzen Abständen von zum Beispiel vier Wochen unbedingt für das Gelingen des Veränderungsprozesses notwendig.[6]

7.4 Die Kunst der kleinen Lösung

Da viele Veränderungen im laufenden Geschäft passieren und zu den permanenten Aufgaben einer Führungskraft gehören, ist dem kleinschrittigen Vorgehen mit „kleinen Lösungen" die Präferenz zu geben. Es gilt dabei diejenigen Maßnahmen herauszusuchen, bei denen mit dem kleinsten Aufwand die größte Wirkung in die gewünschte Richtung zu erwarten ist. Und es gilt diejenigen Lösungen zu finden, die mit dem geringsten Aufwand die wenigsten unerwünschten Nebenwirkungen erzeugen. Für diese Kunst der kleinen Lösung gelten einige grundsätzliche Empfehlungen.[7]

Im Folgenden stellen wir – basierend auf sieben Irrtümern – Merksätze für die Kunst der kleinen Lösungen bei Redesign-Prozessen vor:

> **» *Eine kleine Lösung ist nicht einfach. Sie muss sorgfältig ausgewählt und in Hinblick auf ihre Wirkungen geprüft werden.***

Irrtum 1: Die „man muss doch nur …" Lösung geht in komplexen Situationen in der Regel daneben.

* Die kleine Lösung findet man erst, wenn man die Dynaxity einer Situation in ihrer Vielfalt zulässt, wahrnimmt, aushält und versteht, ohne gleich reagieren zu wollen.
* Die Kunst der kleinen Lösung erfordert die Fähigkeit aus der Vielfalt möglicher Lösungsansätze diejenigen auszuwählen, die am wirksamsten sind und die geringsten unerwünschten Nebenwirkungen haben.

---

[6] In Buch 3 „Die Wege zum Erfolg sind immer anders" werden wir darauf näher eingehen.
[7] Eine ausführliche Darstellung dazu mit vielen Beispielen findet man bei Klaus Henning, „Die Kunst der kleinen Lösung – Wie Menschen und Unternehmen die Komplexität meistern" (Henning 2014).

❱❱ Dynaxity zulassen, wahrnehmen, aushalten und verstehen ist die notwendige Grundhaltung bei der Diagnose.

Irrtum Nr. 2: Ich reduziere den Betrachtungsgegenstand so lange, bis er mir nicht mehr komplex erscheint.

* Es geht vielmehr darum, die vorhandene Dynaxity erst einmal zuzulassen und die Komplexität und Dynamik außerhalb und innerhalb der Organisation nicht zu verdrängen.
* Man sollte nicht nur die Sachebene wahrnehmen, sondern auch die Managementprozesse, die finanziellen Rahmenbedingungen, die emotionalen Befindlichkeiten und die „Unterwelt".
* Es gilt, die Fülle der verschiedenen Aspekte von sachlichen und emotionalen Prozessen wahrzunehmen, ohne diese gleich zu werten.

❱❱ Bereits durch die Beobachtung verändert sich das beobachtete System.

Irrtum Nr. 3: Eine komplexe lebende Organisation kann man in Ruhe beobachten.

* Jedes komplexe System verändert sich bereits durch die Beobachtung. Das gilt es wahrzunehmen und zuzulassen.
* Insbesondere sollte man aufpassen, ob sich die kleine Lösung quasi von selbst ergibt.
* *Beispiel:* In einem Krankenhaus kommt das Essen kalt beim Patienten an. Zur Laufzeitbeobachtung klebten wir zur Beobachtung des Systems einen Zettel an die Essenspaletten: *„Dieses Essen lief um xx.xx Uhr vom Band. Es ist 45 min warm."* *Und das Problem war gelöst.*[8]

❱❱ Erst eine gute Diagnose ermöglicht gute kleine Lösungen.

---

[8] Nähere Ausführungen dazu in: (Henning 2014), S. 37 ff.

Irrtum Nr. 4: Am besten, man sucht sofort die Lösung.
Die Kunst der kleinen Lösung besteht aus drei Teilen:

- Einer gründlichen Systemdiagnose, die den „wahren" Zustand des Systems ermittelt, ohne zwischendurch mit „Schnellschüssen" zu intervenieren.
- Einem Redesign-Prozess, in dem man die Fülle möglicher kleiner Lösungen sucht und zulässt.
- Und aus dieser Fülle diejenige kleine Lösung heraussucht, die die geringsten unerwünschten Nebenwirkungen enthält.

❱❱ Es gilt die drei Kernprozesse zu optimieren.

Irrtum Nr. 5: Ich konzentriere mich auf die Details, und dann klappt alles.

- Es gilt, im *Aufgabenkernprozess* mit Liebe zum Detail zu arbeiten, aber sich nicht in Detailverliebtheit zu verlieren, was vor allem bei Ingenieuren gerne vorkommt. Ein besonderes Augenmerk sollte daraufgelegt werden, die Wechselwirkungen zwischen den Details und dem Ganzen zu verstehen und zu gestalten.
- Es gilt, sich selbst, die eigene Rolle und den eigenen Leistungsbeitrag zu der gewünschten Richtung *(Individueller Kernprozess)* zu verstehen.
- Es gilt Hochleistungsteams zu bilden, die wissen, worum es wirklich geht und sich nicht gegenseitig ausspielen, sondern ergänzen *(Sozialer Kernprozess).*

❱❱ Mit dem „HOT-Approach" geht es besser: „First Human, then Organisation, then Technology".

Irrtum Nr. 6: Ich fange mit der (neuen) Technik an. Alles andere wird schon klappen.

- Der „HOT-Approach"[9] betrachtet erst die Bedürfnisse und Kompetenzen der betroffenen Menschen und ihr Entwicklungspotenzial.

---

[9] Vgl. Abschn. 4.2.

- Man betrachtet dann die organisatorischen Rahmenbedingungen, die es den beteiligten Menschen am besten ermöglichen für die Ziele der Organisation zu arbeiten.
- Erst danach werden geeignete Technologien für die Infrastrukturen, die Arbeitsumgebungen, etc. entwickelt.

❯❯ Ein Manager komplexer Systeme braucht Intelligenz, Sensibilität und „Faulheit".

Irrtum Nr. 7: Je komplexer es wird, desto intelligenter muss ich sein.

- Ja, ich brauche Intelligenz: Ich muss die Dinge, die es zu managen gilt, verstehen, z. B. wie man in einer Bäckerei Brot bäckt; wie ein Reifen produziert wird; wie und wo eine Jeans entsteht, etc.
- Ich muss aber auch sensibel sein, also die emotionalen Strömungen in einer Organisation wahrnehmen können und andere erleben lassen, dass ich sie in ihrer emotionalen Befindlichkeit verstehe.
- Als Führungskraft sollte ich intelligent und sensibel sein, aber auch die Fähigkeit haben, gelegentlich „faul" zu sein, indem ich einen Schritt zurücktrete, mich aus sämtlichen Prozessen zurückziehe und mich selbst reflektiere, um einen ganzheitlichen Überblick zu gewinnen (Helikopterblick). Gemeint sind eine entspannte Wahrnehmung, Reflexionsfähigkeit und eine tiefe Verankerung des eigenen Lebens. In einer solchen Verankerung kann man dann entspannen und besser in sich selbst ruhen. Es gilt sich immer wieder selbst zu finden. Dabei hilft auch Beten.

8

Zur Rolle von Führungskräften in Organisationen mit hoher Dynaxity

Steigende Dynaxity stellt an Führungskräfte besondere Herausforderungen. Führen in Unsicherheit wird zu einer wichtigen Kompetenz. Es wird dabei immer schwieriger, sich neben der operativen Führung um Innovation und notwendige Veränderungen zu kümmern. Aber es gibt bewährte Erfolgsfaktoren für die turbulenten und chaotischen Dynaxity Zonen (Abb. 3.13). Dabei gewinnt das Führen mit Werten eine hohe Bedeutung.

8.1 Führen in Unsicherheit

Führen war noch nie eine leichte Aufgabe und hat immer schon Persönlichkeiten mit einer besonderen Begabung angezogen. In allen Zeiten gab es besondere Herausforderungen, die das Führen nicht zur Routine machten:

Das war schon so bei den römischen Feldzügen im ganzen europäischen Raum. Das war so bei Karl dem Großen um das Jahr 800, als vom Zentrum Aachen aus, der ganze europäische Raum erobert wurde. So könnten wir alle Jahrhunderte durchforsten. Aber die Epochen seit dem 18. Jahrhundert sind durch ständig neue Technologien geprägt, und mit einer wachsende Dynaxity verbunden.[1]

---

[1] (Henning und Henning 2024), S. 1–54.

© Der/die Autor(en), exklusiv lizenziert an Springer-Verlag GmbH, DE, ein Teil von Springer Nature 2025
R. Henning, K. Henning, *Organisationen verstehen und managen*,
https://doi.org/10.1007/978-3-662-70927-6_8

Beispiel E-Auto: Zunächst wurde der Elektromagnetismus in Jahr 1821 entdeckt. Die Entwicklung führte über den ersten elektrischen Karren in 1832 zur ersten elektrischen Lokomotive im Jahr 1851. Dann folgte 1881 das erste batteriebetriebene Elektrofahrrad und 1888 das erste Elektroauto. Nach 1910 wurde es dann stiller um das Elektroauto. Achtzig Jahre später begann durch die zweite Ölkrise ein Comeback des E-Autos. Dann folgte ein rasanter weltweiter Aufstieg der Elektroautos ab 2006. Diese Entwicklung mündete 2024 in das europäische Ziel, bis 2030 aus dem Verbrennungsmotor auszusteigen. Aber auch die Ernüchterung des weltweiten, abrupten, internationalen Absatz-Einbruchs gehört zur Geschichte dazu und beschreibt die wachsende Dynaxity.

Die Transformationsprozesse und die inneren Abläufe einer Organisation erfordern also bei wachsender Dynaxity eine immer höhere Achtsamkeit. Einerseits versucht eine gute Organisation alle ihre Energien auf den Existenzgrund zu fokussieren. Andererseits führt die wachsende Dynaxity zu den Effekten des *Nebelvierecks* (Abb. 8.1): Ziel, Weg, Problem und Nebenwirkungen

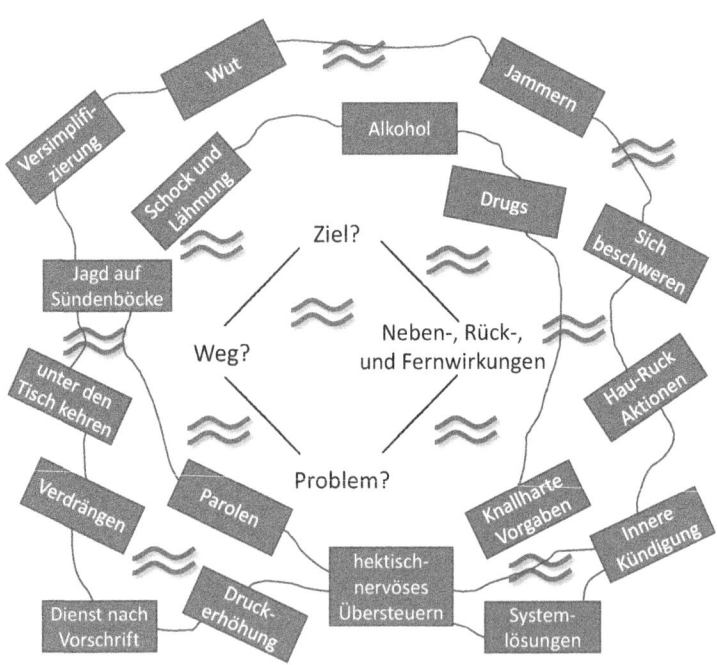

Abb. 8.1 Fluchtmuster im Nebelviereck (Henning 1993, S. 158)

sind unklar – es ist sehr schwer, die richtige Entscheidung zur treffen.[2] Die Dinge scheinen dann oft viel mehr auseinanderzulaufen und die Organisation in ihrer Effizienz zu beeinträchtigen, ja manchmal ist dann sogar die Existenz der Organisation gefährdet.

Sicher ist es dem einen oder anderen schon so gegangen, sich in einer Führungsrolle wie ein Gefangener im Nebelviereck zu erleben. Abb. 8.1 zeigt mögliche Reaktionen und Fluchtmuster des menschlichen Verhaltens in solchen Nebelsituationen. Manches Mal weiß man dann in Führungsfragen nicht mehr aus noch ein, weil unter anderem folgende Fragen völlig unklar sind:

- Welches interne oder externe Problem ist gerade das Wichtigste, das behandelt werden will?
- Wo soll es hingehen, welches Ziel können wir erreichen, welcher Existenzgrund ist anzustreben?
- Welcher Weg sollte gegangen werden – oder sind es mehrere Wege?
- Welche Wirkungen wird der eingeschlagene Weg haben (Neben-, Rück- und Fernwirkungen)?

Oft gibt es keine eindeutigen Kausalitäten mehr, kein Richtig oder Falsch, sondern nur unterschiedliche Optionen. Klassische Management-Tools stoßen an ihre Grenzen.

Diesen Tatbestand greift auch die VUCA-Bewegung auf, die in vielen Unternehmen als Denkrahmen bekannt ist[3]: Sie beschreibt die Veränderungen der heutigen Welt. Das Wort VUCA als Akronym steht für volatility (Volatilität), uncertainty (Ungewissheit), complexity (Komplexität) und ambiguity (Ambiguität). Auch dieses Modell beschreibt, wie schnell und radikal sich heutige Märkte verändern. Für Unternehmen, Führungskräfte und auch Projektmanager ist es daher wichtig, agil in dieser VUCA-Welt zu reagieren.

Im OSTO-Systemmodell ist deshalb die Auseinandersetzung mit dem sozialen Kernprozess so wichtig, weil es im Nebelviereck für Entscheider schwierig ist, *die* richtige Entscheidung zu treffen. Es sind immer Mitentscheider und Kollegen erforderlich, um die Dynaxity des Themas besser verstehen zu können. Aus verschiedenen Blickwinkeln kann man die Grenzen eines komplexen lebenden Systems besser verstehen und managen. Die letztgültige Entscheidung sollte dann allerdings entweder im Konsens getroffen werden oder beim Letztentscheider bleiben.

---

[2] Vgl. Buch 1 (Henning und Henning 2024), S. 41. Und: (Henning und Borowski 2014).
[3] https://de.wikipedia.org/wiki/VUCA.

» *Führen heißt Verantwortung übernehmen – in Unsicherheit.*

Man könnte meinen, in einer so bewegten und bewegenden Welt gibt es am besten keine Führung mehr, oder doch mindestens mehrere verantwortliche Führungskräfte, die sich absprechen in den Führungsfragen. Letzteres kann gut funktionieren, wenn das Führungsteam gut aufeinander abgestimmt arbeitet – sonst kann es schon mal misslingen. Führen heißt immer Verantwortung zu übernehmen – das ist gleich geblieben zu allen Zeiten. Einige Grundfragen, die sich jede gute Führungskraft stellen sollte, haben sich nicht geändert:

- Bin ich bereit, Verantwortung zu übernehmen und auch kompetent genug dazu?
- Da ist zunächst einmal die ehrliche Selbstreflektion mit der Frage: Wenn ich mich selbst als Chef hätte: Was würde ich mir von mir als Führungskraft in turbulenten Zeiten wünschen?
- Dazu gehört die Wahrhaftigkeit mir selbst gegenüber: Was habe ich heute wirklich geschafft?
- Bin ich ein Manager, der intelligent, sensibel und „faul" ist, der also auch loslassen kann und die Arbeit an andere delegieren und anderen überlassen kann?
- Und zu guter Letzt: Erleben die Mitarbeiter, Kollegen und Kunden eine transparente, gradlinige und widerstandsfähige Führungskraft?

Wie also Entscheidungen fällen in Unsicherheit? Es gab für Führungskräfte aller Zeiten immer die Notwendigkeit, in Unsicherheit zu entscheiden – die Lage war häufig unklar. Aber die Entscheidungsoptionen waren nicht so vielfältig, wie wir das heute erleben. Denn es gibt häufig keine eindeutigen kausalen Zusammenhänge. Es gibt oft kein „richtig" und kein „falsch", sondern nur verschiedene Möglichkeiten. Die traditionellen Planungs-, Kontroll- und Verwaltungsinstrumente stoßen an ihre Grenzen. Situationen ändern sich sehr schnell.

Wie trifft man also Entscheidungen, wenn man nicht genau weiß, was das Problem ist und was das Ziel ist? Welche Konsequenzen kann dieser Weg haben? Wir scheuen uns vor den vielen möglichen Abwegen und Irrwegen. Menschen, die Führungskräfte werden oder sein wollen, werden sich mit diesen Fragen auseinandersetzen müssen. Es sind Denk- und Verhaltensweisen gefragt, die über das mechanistische Führen hinausgehen:

- Es gilt die Ungewissheit auszuhalten und dabei – zumindest für die Mitarbeiter – ruhig und optimistisch zu bleiben.
- Wenn man entscheidet, reicht der Kopf alleine nicht. Was sagt das Herz? Und was sagt mein Bauch? Es gilt mit Kopf, Herz und Bauch zu entscheiden und dabei die eigene Intuition zu nutzen.[4]
- Wenn man merkt, dass eine Entscheidung getroffen werden muss, darf man sie nicht verschieben. Wegen der Unsicherheit die Entscheidung zu verschieben, wäre immer fatal. Zu warten, bis die Ungewissheit vorbei ist, ist eine Entscheidung zum Nichtstun. Und nicht entscheiden ist auch eine Entscheidung.
- Bei hoher Dynaxity sollte man nicht allein hinter verschlossenen Türen entscheiden. Vielmehr braucht man gerade dann Menschen des Vertrauens, mit denen man sich vernetzt, austauscht und diskutiert, um mehr Perspektiven für die Situation zu erhalten.

Dies sind nur einige Empfehlungen. Es gibt sicher noch viele individuelle Entdeckungen, die hinzugefügt werden könnten. Bei der Aufzählung der Anforderungen an eine Führungskraft in der Dynaxity Zone ist nicht zu vergessen, dass die menschliche Kraft und Individualität jedes Einzelnen zentrale Bedeutung haben. Daher halten wir es für notwendig sich einmal damit zu beschäftigen, welche Möglichkeiten eine Führungskraft hat, die Persönlichkeit zu stärken. Mit anderen Worten: Wie bleibe ich bei turbulenten Rahmenbedingungen fit als Führungskraft?

Wir haben die Möglichkeit uns selbst zu fragen und darüber nachzudenken, ob wir den Anforderungen an eine Führungskraft unter turbulenten und chaotischen Bedingungen standhalten können. Zone 3 und Zone 4 Dynaxity-Zonen sind nicht für jede Führungskraft zu ertragen: Nicht jede Führungskraft muss turbulenztauglich werden können. Es gibt viele Möglichkeiten, sich in einem Unternehmen als Führungskraft einzubringen, in denen die Dynaxity nicht so hoch ist, also nur Merkmale der Zone 2 (dynamisch) oder Zone 1 (statisch) enthält. Potenzielle Führungskräfte sollten sich daher folgende Fragen stellen:

- Habe ich eine Führungsbegabung für turbulente Situationen?
- Wem diene ich mit meinen Führungsfähigkeiten?
- Bin ich fähig und bereit, mich mit der eigenen Innenkomplexität auseinanderzusetzen?
- Wieviel Dynaxity kann ich aushalten?

---

[4] Auf einem Seminar unterbrach bei dieser Darstellung eine Führungskraft den Ablauf und sagte: „Da fehlt eine vierte Komponente – ich bete vor Entscheidungen."

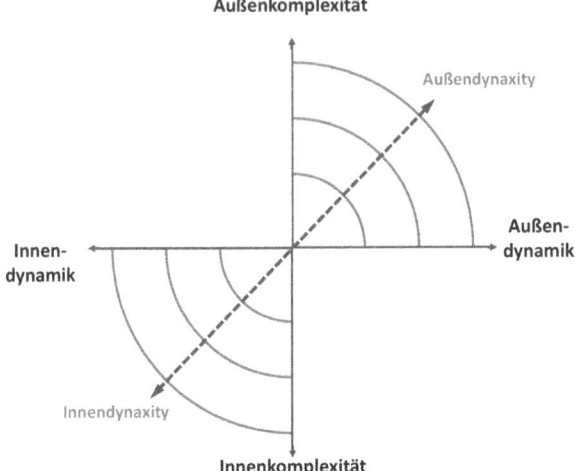

Abb. 8.2 Spiegelung der Außenkomplexität an der Innenkomplexität
(Henning und Henning 1995)

W. Ross Ashby[5] hat sich unter anderem mit der letzten Frage beschäftigt und herausgefunden, dass jeder Mensch ebenso viel Außenkomplexität aushält, wie er in seinem Inneren an Komplexität zulässt (Abb. 8.2).

» *Je mehr ich mich in Zone 3 bewege, desto mehr hängt meine Managementfähigkeit davon ab, welche innere Stabilität meine eigene Persönlichkeit hat.*

Je mehr ich mit mir selbst im Reinen bin, desto mehr Chaos im Äußeren halte ich aus. Je bedingungsloser das „Ja" zu mir selbst und meiner inneren Geschichte ist, desto besser komme ich in Zone 3 mit einem Gleichgewicht von Liebe und Wahrheit zurecht, wie wir das in Abschn. 3.8 dargestellt haben (Abb. 8.3).

Dabei gilt es immer wieder die Balance zwischen „Kuschelgruppe" und „Brutalogang" zu finden und sich möglichst zwischen diesen beiden Verhaltensmustern zu bewegen:

---

[5] (Ashby 1956).

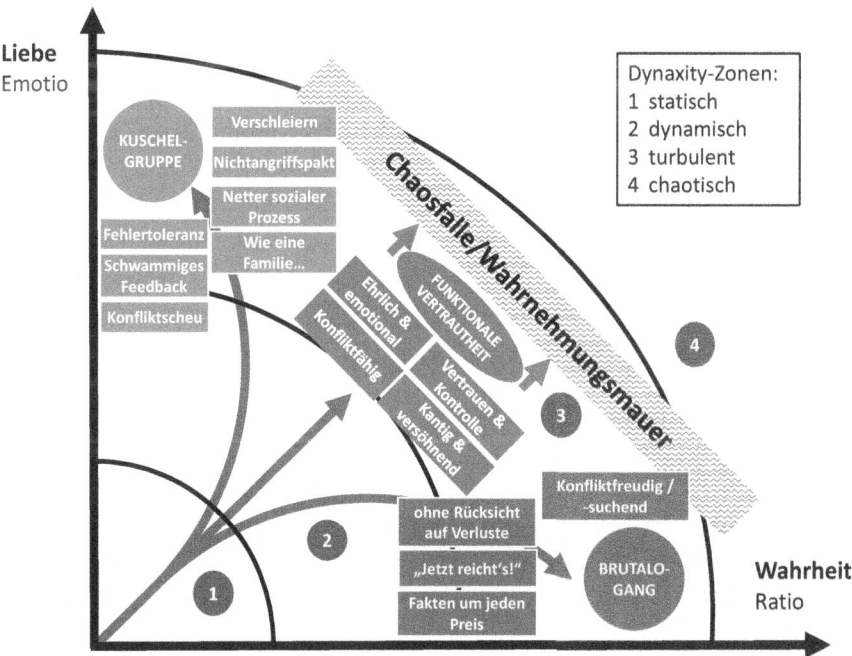

Abb. 8.3   Liebe-Wahrheits-Diagramm

- Sich ehrlich verhalten, aber das Emotionale zulassen.
- Immer wieder Vertrauen investieren, ohne auf Kontrolle zu verzichten.
- Sich durchaus kantig verhalten, aber auch versöhnend.

Im Umgang mit Konflikten bedeutet das, nicht um jeden Preis Konflikte zu suchen, aber auch nicht konfliktscheu zu sein: Also „Konfliktfähigkeit" zu leben. So wächst die Funktionale Vertrautheit und die Fähigkeit in der Unsicherheit turbulenter Situationen gut zu führen.

Führen in Unsicherheit kann man auch trainieren. Seit über dreißig Jahren wird dazu von verschiedenen Anbietern in unterschiedlichen Formaten ein systemisches Trainingsseminar angeboten, in dem man den Umgang mit hoher Dynaxity erlebt und Dynaxibility erlernt. Die Grundzüge dieses Ansatzes haben Renate Henning und Ingrid Isenhardt 2003 veröffentlicht.[6]

---

[6] Renate Henning, Ingrid Isenhardt: *Systemisches Management SYMA: Die OSTO-Landkarte als Trainingsbasis für die Einführung von Changemanagement im Zeitraffer* (Henning und Isenhardt 2003).

Vgl.: Sebastian Geipel: *OSTO SymA – Ein allgemeiner Überblick* (Geipel 2004) und (Henning und Strina 2003): *Planspiele in der betrieblichen Anwendung.*

8.2   Führen mit beiden Händen

Für die Rolle von Führungskräften in Organisationen mit hoher Turbulenz ist das Modell der „Beidhändigen Führung" von großer Bedeutung.[7] Darunter versteht man die Fähigkeit von Führungskräften gleichzeitig effizient in Bezug auf das tägliche Geschäft und flexibel in Bezug auf neues Geschäft zu führen. Unter turbulenten Bedingungen müssen Führungskräfte dies im eigenen Führungsverhalten bewältigen, weil die Aspekte des Managens des täglichen Geschäftes nicht von den Initiativen für neues Geschäft getrennt werden können. Führungskräfte müssen also beide Aspekte in einer Person vereinigen. Dieses Spannungsfeld ist in (Abb. 8.4) dargestellt. Die grüne Spalte beschreibt das tägliche Geschäft mit den Schwerpunkten „Optimierung und Implementierung"; die gelbe Spalte beschreibt das neue Geschäft mit den Schwerpunkten „Innovation und Exploration". Mit der grünen Hand ist also das operative Management gemeint, die das tägliche Geschäft prägt (Exploitation). Mit der gelben Hand ist das Führen gemeint, wenn es um Innovation geht und damit um neues Geschäft (Exploration). Wenn sich diese beiden Begabungen angemessen ergänzen, lässt sich eine bessere Dynaxibility erzielen[8]

Schwerpunkte	Tägliches Geschäft	Neues Geschäft
Tätigkeitsart	Optimierung und Implementierung	Innovation und Exploration
Kundenorientierung	Kurzfristige Kundenwünsche erfüllen	Sich an langfristigen Kundenwünschen orientieren
Transformationsprozess	Effiziente und Effektive Abwicklung der Transformationsprozesse	Kreative Entwicklung neuer Outputs für einen sich verändernden Markt (neuer Existenzgrund?)
Erneuerungsprozess	Inkrementelle Innovation	Radikale Innovation
Kennwerte	Kosten, Gewinn, Produktivität	Innovationsgrad, erreichte Meilensteine
Organisationsstruktur	Standardisiert, Benchmark-orientiert	Out-of-the-box Prozesse, Keine Standardprozesse
Führungsverhalten	Umsetzungsorientiert, stabilitätsorientiert, qualitätsorientiert, „Feuerwehrmann"	Visionär, kreativ, changeorientiert, risikofreudig, „Gamechanger"

Abb. 8.4 Beidhändige Führung

---

[7] https://de.wikipedia.org/wiki/Organisationale_Ambidextrie.
[8] (Henning und Henning 2024); S. 37–56.

In Unternehmen gibt es Mitarbeiter und Führungskräfte, die sich mehr im täglichen Geschäft wiederfinden – so etwas wie ein Feuerwehrmann, oder jemand, der die Prozesse und Abläufe optimiert oder implementiert. Beim täglichen Geschäft benötigen sie Erfahrung, sie nutzen Wissen anderer und suchen nach neuen Umsetzungslösungen. Für diese Führungskräfte ist es wichtig, die eigene Organisation so zu führen, dass sie im (internationalen) Benchmark an vorderster Front ist. Sicher entwickeln diese Menschen mit ihren Kollegen eigene technische Lösungen. Obwohl sie im täglichen Geschäft ihre Schwerpunkte haben – sind sie für das neue Geschäft dringend erforderlich – denn nur, wenn man im fachlichen Bereich an erster Front ist, kann man sich an einen neuen Markt wagen. Wir ordnen sie hier mehr der grünen Farbe zu.

Menschen, die mehr die Sicht auf das strategische Geschäft haben, nennen wir die „Gamechanger". Sie blühen auf, wenn sie in der Innovation und Exploration aktiv sind. Bei international agierenden Unternehmen geht es vor allem darum, wie gut die eigene Organisation im internationalen Markt steht. Welche Stellung hat sie im Welthandel? Bei einem Krankenhaus geht es um neue Behandlungsmethoden und um eine bessere Abwicklung der Behandlungsprozesse für die Patienten. Bei einer Verwaltung geht es zum Beispiel um neue Arbeitsmethoden und verbesserte Abläufe. In all diesen Fällen ordnen wir Menschen, die sich in ihrer Führungsaufgabe engagieren, der gelben Farbe zu. Beide Aspekte schlagen sich aber in jeder Führungssituation nieder. Haben Sie sich auch schon einmal gefragt:

- Wie hoch ist der eigene Anteil am Management der Farben grün und gelb?
- Passen meine grünen und gelben Anteile zu meiner Verantwortung als Führungskraft?
- Was sagen andere zur Art und Weise meiner Führung? Die anderen wissen es oft besser als man selbst.

8.3 Erfolgsfaktoren bei turbulenter und chaotischer Dynaxity

Bei der Beobachtung und Beratung von Organisationen stellen wir fest, wie schwierig es in der Realität ist, das Richtige zu tun insbesondere in Organisationen, die in hoher Dynaxity arbeiten müssen. Wir beobachten immer wieder, wie schnell es gehen kann, dass ein *falscher Umgang mit Dynaxity* eingeschlagen wird[9,10]. Im Folgenden werden Beispiele für einen solchen falschen Umgang gegeben:

* *„Das, was ich denke, ist richtig."* – Hohe Dynaxity will man nicht wahrhaben.
* Gleichzeitig führt die steigende Dynaxity zu Angst, die zu *erhöhter Aktivität* führen kann und damit den Blick verengt.
* Man investiert viel Zeit und Kraft in *kleinteilige Projekte* und verliert dabei die größeren Zusammenhänge aus dem Auge.
* Man bekämpft immer weiter die Symptome und *sucht nicht nach den Ursachen.*
* Es entsteht eine *betriebsame Hektik* ohne viel Nachdenken, die im *Nebelviereck* endet.
* Es werden *zu viele Arbeitsmethoden* eingesetzt, weil man der Meinung ist, dadurch die Dynaxity in den Griff zu bekommen.
* Es gibt *zu viele Projekte*, die die Kasse füllen, aber alle Kapazität im Unternehmen binden.
* *Feedback ist nicht eingeführt* oder wird nicht wirklich gehört.
* *Lineares Denken* prägt das Handeln statt Denken in Wechselwirkungen und Rückkopplungen.

Welche wichtigen Erfolgsfaktoren in Organisationen gibt es in der turbulenten oder chaotischen Phase, die in den Zonen 3 und 4 zielführend sind (vgl. Abb. 8.3). Die folgenden Erfolgsfaktoren sind aus mehreren großen sehr komplexen und zeitkritischen Beratungsprojekten entstanden und haben sich in vielen vergleichbaren Projekten bewährt[11]:

1. Die notwendige Voraussetzung für den Erfolg ist es, sich der Lage immer wieder bewusst zu werden, egal wie grausam sie ist.
2. Zunächst das große Ganze in den Blick nehmen und dann die Einzelprojekte und die Abläufe zielgerichtet bearbeiten.
3. Allen Ballast, Nebenagenden und Zusatzaktivitäten über Bord werfen, der nicht zum direkten Existenzgrund des Unternehmens führt.
4. Die notwendige (gute) Qualität liefern – und nicht die sehr gute und ausgezeichnete. In der Regel reicht das, weil man sich dann nicht in qualitative Details verheddert.

---

[9]Vgl. Vortrag von Dr. Thomas Hillmann-Ruge, K-SE-6, AutoUni Wolfsburg am 15.02.2017.
[10]Vgl. Klaus Henning: *Partizipation und Führung*. In: (Jeschke et al. 2014), S. 61–74.
[11] Sebastian Kutscha, Klaus Henning: *Mission impossible – Erfolgsfaktoren im Projekt Toll Collect*. (Kutscha und Henning 2009)

5. Ein Netzwerk von Menschen aufbauen, die verschiedene Akteure, Sichtweisen und Interessen überbrücken.
6. Strenges und konsequentes Projekt- und Prozessmanagement:
7. Ein Kernteam aufbauen, das weiß, wovon es redet und sich 100 % auf den Erfolg konzentriert.
8. Vertrauen und Zuversicht (wieder) aufbauen gerade in der Dynaxity, weil wir dort alle feststecken und denken, es handelt sich um eine „Mission impossible".
9. Arbeiten, arbeiten und noch mal arbeiten: Ohne Fleiß gibt es keinen Erfolg in komplexen Prozessen!
10. Feiern nach Erfolgen ist ein absolutes Muss, damit man die Lust behält, sich immer wieder darauf einzulassen.

8.4   Führen mit Werten

Den Abschluss dieses Buches bildet eine Ermutigung, sich mit der Frage der Werte im Unternehmen zu beschäftigen.

>> *Es lohnt sich, Transparenz zu leben und Vertrauen zu fördern, damit beides über Hierarchien und Geschäftsbereiche hinweg wächst. Lebe wahrheitsgemäß und erwarte das Gleiche von anderen.[12]*

Wert 1: Transparenz fördert das Vertrauen

- Wenn man keine Transparenz über seinen Verantwortungsbereich hat, kann man keine guten Entscheidungen treffen.
- Die Schaffung von Transparenz über die Verantwortung von Unternehmen und Management ist eine Voraussetzung für Vertrauen.
- Dieses Vertrauen muss über Hierarchien und Geschäftsbereiche hinweg wachsen.

---

[12] Die folgenden Erfolgsfaktoren sind aus Gesprächen mit Bernhardt Maier, dem ehemaligen CEO von Skoda entstanden (vgl. https://www.linkedin.com/in/bernhardmaier/?originalSubdomain=de).

Wert 2: Unkompliziertheit

• Geradlinig sein bedeutet: Für etwas einstehen und sich nicht verbiegen lassen.
• Das erfordert Wahrhaftigkeit.
• Es gilt also: Lebe wahrheitsgemäß und erwarte das Gleiche von den anderen.

Wert 3: Konsistenz – Konsequenz

• Wenn man sich über etwas klar geworden ist, ist es immer wichtig, dass man es konsequent durchzieht. Wenn ich die Kraft dazu nicht habe, dann kann ich das Thema vergessen.

Wert 4: Widerstand aushalten

• Wenn ich den Widerstand der Konsequenz nicht aushalten kann, treffe ich keine Entscheidungen.
• Für den neuen Weg immer wieder werben.
• Entscheiden heißt auch, Widerstände zu ertragen.

Fragt man nun nach zentralen Erfolgsfaktoren für Organisationen, die sich in der Dynaxity-Zone 3 und 4 befinden, so scheinen uns aus der langjährigen Erfahrung drei Werte notwendig, die gleichzeitig in der Organisation wirksam sein sollen: Vertrauen, Agilität und Achtsamkeit (Abb. 8.5)[13]: Wir brauchen eine Kultur des Vertrauens – vertikal und horizontal – zwischen Menschen, Maschinen und Organisationen. Transparenz ist dabei Voraussetzung für Vertrauen. Agilität ist als Gestaltungsprinzip für alle Bereiche einer Organisation erforderlich. Diese wird durch die eben genannten Führungselemente ermöglicht. Schließlich braucht es bei hoher Dynaxity die Kunst der Achtsamkeit, die die wachsende Dynaxity nicht unterdrückt, sondern entspannt wahrnimmt und aushält. Dann kann man auch auf den Handlungsreflex *„jetzt muss ganz schnell etwas getan werden"* verzichten. Mit diesen drei kritischen Erfolgsfaktoren kann es gelingen die Balance in der turbulenten Dynaxity Zone 3 zu halten, ohne in bürokratische Verfahren der Zone 2 abzustürzen und vermeidet andererseits die nicht mehr managebare chaotische Zone 4.

---

[13] (Henning und Henning 2024); S. 81 ff.

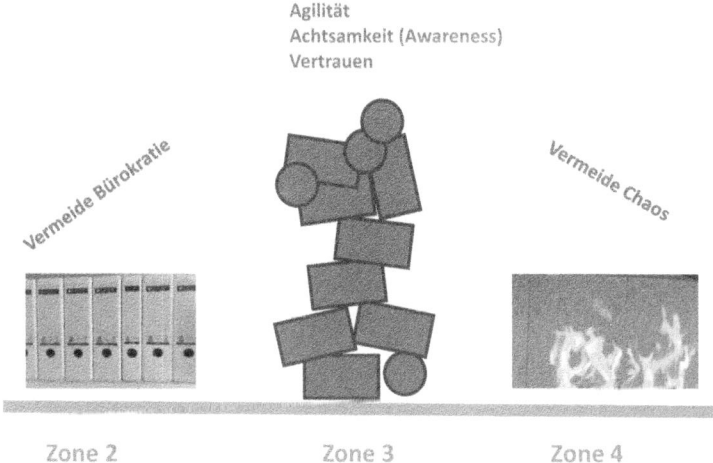

Abb. 8.5   Managen in Zone 3

Schlusswort

Unsere Reise zum Verstehen und Managen von Organisationen als lebende Systeme ist zu einem vorläufigen Abschluss gekommen.

Wir haben gesehen, wieviel man bereits über eine Organisation als lebendes System erkennen und verstehen kann, wenn man sie „von außen" anschaut und sich insbesondere mit Existenzgrund, Sinngrund und Urgrund auseinandersetzt.

Die Betrachtung des kybernetischen Rückkopplungsprinzips lebender Systeme hat uns dann gezeigt, wie diese auf verschiedenen Ebenen auf das System einwirken und wie man solche Rückführungen managen kann.

Der darauffolgende Blick nach innen ist zunächst aus der Prozesssicht erfolgt mit den drei elementaren Komponenten Aufgaben-, Individueller und Sozialer Kernprozess als dem zentralen Schlüssel und Merkmal des OSTO-Systemansatzes.

Wir haben dann die Prozesssicht durch eine Struktursicht erweitert, die uns eine Sicht auf die Teilsysteme ermöglicht, mit der eine Organisation bewusst und unbewusst „konstruiert" ist.

Ergänzt wurde dies durch ein Kapitel zu Unternehmenskultur und der Frage, wie sich Unternehmenskultur im OSTO-Systemmodell spiegelt.

Die beiden folgenden Kapitel haben dann die Möglichkeit einer Systemdiagnose und eines Redesigns einer Organisation mit den Werkzeugen der OSTO-Methodik dargestellt und schließen mit Ausführungen zur „Kunst der kleinen Lösung" beim Managen von Redesign Prozessen ab.

© Der/die Herausgeber bzw. der/die Autor(en), exklusiv lizenziert an Springer-Verlag GmbH, DE, ein Teil von Springer Nature 2025
R. Henning, K. Henning, *Organisationen verstehen und managen*,
https://doi.org/10.1007/978-3-662-70927-6

Den Abschluss bildet ein Kapitel zur Rolle von Führungskräften in Organisationen mit hoher Dynaxity. Es enthält Empfehlungen zum Führen bei hoher Dynaxity und der damit verbundenen unvermeidbaren Unsicherheit.

Im vorgesehenen Band 3 dieser Reihe wollen wir darauf aufbauen und uns damit beschäftigen, wie der Change-Prozess – auch über Jahre hinweg – erfolgreich gemanagt und geführt werden kann: *„Die Wege zum Change-Erfolg sind immer anders"*. Es gibt nicht den *einen* Königsweg, jeder Management-of-Change Weg ist anders, aber sie haben alle gemeinsame Muster. Wir werden an ausgewählten Beispielen diese Muster herausarbeiten.

Anhang 1: Liste von wissenschaftlichen Arbeiten im Kontext der OSTO-Systemtheorie

Wie an verschiedenen Stellen dieses Buches bereits erwähnt, sind im Laufe der letzten Jahrzehnte zahlreiche Dissertationen und einige Habilitationen entstanden, die einen direkten Bezug zur OSTO-Methodik haben und/oder spezielle Aspekte aufgreifen. Insbesondere findet man in den Arbeiten methodische Verknüpfungen zu verschiedenen üblichen Verfahren, wie z. B. Balanced Score Card, Curicular-Entwicklung von Studiengängen, IT Assessment Verfahren, Circular Economy Ansätze, Anwendungen in Großkrankenhäusern und vieles andere.

Dissertationen

Assan, Marcell (2004). *Ein skalierbares Verfahren zur schnellen Diagnose von Software-Engineering-Projekten auf Basis eines Regelkreismodells* (Aachener Reihe Mensch und Technik Band 51). Aachen: Mainz.

Balkenhol, Bernd (1999). *Ein unternehmenskybernetischer Ansatz zur Integration von Umweltmanagementsystemen* (Akademische Edition Umweltforschung Band 5). Aachen: Shaker.

Batereau-Neumann, Stephanie (2002). *Joint information and identification system for the recovery of european post consumer carpet waste* (Aachener Reihe Mensch und Technik Band 40). Aachen: Mainz.

© Der/die Herausgeber bzw. der/die Autor(en), exklusiv lizenziert an Springer-Verlag GmbH, DE, ein Teil von Springer Nature 2025
R. Henning, K. Henning, *Organisationen verstehen und managen*,
https://doi.org/10.1007/978-3-662-70927-6

Bitzer, Arno (1991). *Beteiligungsqualifizierung zur Gestaltung von technischen und organisatorischen Innovationen* (Fortschritt-Berichte VDI Reihe 16 Technik und Wirtschaft Band 58). Düsseldorf: VDI-Verlag.

Bohnhoff, Armin (1991). *Ein prospektiv bewertetes Identifizierungssystem für schnell bewegte Güter im Kombinierten Verkehr* (Fortschritt-Berichte VDI Reihe 12 Verkehrstechnik, Fahrzeugtechnik Band 161). Düsseldorf: VDI-Verlag.

Bornefeld, Gero (2008). *Qualitätsorientierte Entwicklung und Einführung von universitären Bachelor-/Masterstudiengängen im Maschinenbau* (Aachener Reihe Mensch und Technik Band 61). Aachen: Mainz.

Borowski, Esther (2011). *Agiles Vorgehensmodell zum Management komplexer Produktionsanläufe mechatronischer Produkte in Unternehmen mit mittelständischen Strukturen* (Fortschritt-Berichte VDI Reihe 16 Technik und Wirtschaft Band 200). Düsseldorf: VDI-Verlag.

Brall, Stefan (2010). *Arbeitsbegleitende überfachliche Kompetenzentwicklung als Element strategischer Entwicklung technischer Universitäten.* Norderstedt: Books on Demand.

Brozio, Markus (2001). *Anwendung des Dualen Entwurfs auf die Entwicklung eines robotergesteuerten 3D-Nähsystems.* (Aachener Reihe Mensch und Technik Band 35). Aachen: Mainz.

Buro, Thomas (2000). *Gestaltung globaler Luftfracht-Transportsysteme mit Hilfe des OSTO-TOC-Ansatzes.* (Fortschritt-Berichte VDI Reihe 12 Verkehrstechnik, Fahrzeugtechnik Band 439). Düsseldorf: VDI-Verlag.

Dassen-Housen, Petra (2000). *Responding to the global political-economical challenge: The learning society exemplified by the working environment.* (Aachener Reihe Mensch und Technik Band 32). Aachen: Mainz.

Flachskampf, Paul (2011). *Beiträge zur systemorientierten Managementforschung mit kybernetischen Verfahren zur Gestaltung organisationaler Systeme unterschiedlicher Rekursionsebenen.* (Unternehmenskybernetik in der Praxis Band 16) Aachen: Institut für Unternehmenskybernetik e.V. RWTH Aachen.

Gramatke, Arno (2012). *Entwicklung und Einführung eines Projektmodells für kritische IT-Projekte.* (Fortschritt-Berichte VDI Reihe 10 Angewandte Informatik Band 817). Düsseldorf: VDI-Verlag.

Grobe, Johannes (1998). *Reengineering von computerunterstützten Geschäftsprozessen am Beispiel von Großkrankenhäusern.* (Fortschritt-Berichte VDI Reihe 16 Technik und Wirtschaft Band 99). Düsseldorf: VDI-Verlag.

Haferkamp, Sven (2000). *Entwicklung und Anwendung eines brettorientierten Planspiels zur Qualitätsentwicklung in Unternehmen.* (Unternehmenskybernetik in der Praxis Band 3) Aachen: Shaker.

Harendt, Bertram (1991). *Ein kybernetischer Ansatz zur Lösung komplexer technischer Qualitätsprobleme in einem internationalen Konzern der Konsumgüterindustrie.* (Fortschritt-Berichte VDI Reihe 2 Betriebstechnik Band 222). Düsseldorf: VDI-Verlag.

Heide, Andrea (2004). *Ursachenanalyse und Bewertung der Verantwortung bei Funktionsstörungen von softwaregesteuerten Komponenten im Maschinenbau.* (Fortschritt-Berichte VDI Reihe 10 Angewandte Informatik Band 737). Düsseldorf: VDI-Verlag.

Hermanns, Annette (2010). *„House of Learning" als Basis für Qualitätsmanagement gemäß EFQM für die praxisnahe universitäre Ausbildung in den Ingenieurwissenschaften.* (Fortschritt-Berichte VDI Reihe 16 Technik und Wirtschaft Band 197). Düsseldorf: VDI-Verlag.

Honecker, Nele (2004). *Interne produktionsnahe Prozessbegleiter – Möglichkeiten und Grenzen.* (Aachener Reihe Mensch und Technik Band 52). Aachen: Mainz.

Hunecke, Heike (2003). *Produktionsfaktor „Wissen" – Untersuchung des Zusammenhangs zwischen Wissen und Standort von Unternehmen.* (Aachener Reihe Mensch und Technik Band 45). Aachen: Mainz.

Ihsen, Susanne (1999). *Zur Entwicklung einer neuen Qualitätskultur in ingenieurwissenschaftlichen Studiengängen: ein prozeßbegleitendes Interventionskonzept.* (Fortschritt-Berichte VDI Reihe 16 Technik und Wirtschaft Band 112). Düsseldorf: VDI-Verlag.

Isenhardt, Ingrid (1994). *Komplexitätsorientierte Gestaltungsprinzipien für Organisationen – dargestellt an Fallstudien zu Reorganisationsprozessen in einem Großkrankenhaus.* (Aachener Reihe Mensch und Technik Band 9). Aachen: Mainz.

Jansen, Christoph (2004). *Scorecard für die Wissensmanagement-Performance in heterogenen Unternehmensnetzwerken.* (Fortschritt-Berichte VDI Reihe 8 Meß-, Steuerungs- und Regelungstechnik Band 1024). Düsseldorf: VDI-Verlag.

Kesselmeier, Horst (1997). *Entwicklung einer Methode für Software-Reengineering-Projekte.* (Fortschritt-Berichte VDI Reihe 10 Angewandte Informatik Band 506). Düsseldorf: VDI-Verlag.

Leisten, Ingo (2012). *Transfer Engineering in transdisziplinären Forschungsprojekten.* Norderstedt: Books on Demand.

Leutloff, Christian (2003). *Lernzyklusorientierter Software-Entwicklungsprozess am Beispiel eines Yield-Management-Systems bei Flugpauschalreiseveranstaltern.* (Fortschritt-Berichte VDI Reihe 10 Angewandte Informatik Band 720). Düsseldorf: VDI-Verlag.

Marks, Siegfried (1991). *Gemeinsame Gestaltung von Technik und Organisation in soziotechnischen kybernetischen Systemen.* (Fortschritt-Berichte VDI Reihe 16 Technik und Wirtschaft Band 60). Düsseldorf: VDI-Verlag.

Michulitz, Christiane (2005). *Kommunikationsprozessanalyse – ein interdisziplinärer Beitrag zur Analyse der Kommunikation in Organisationen.* (Unternehmenskybernetik in der Praxis Band 11) Aachen: Shaker.

Münstermann, Thilo (2011). *Kulturgerechte Gestaltung von betrieblichen Veränderungsprojekten mit einem unternehmenskybernetischen Ansatz.* (Unternehmenskybernetik in der Praxis Band 17). Norderstedt: Books on Demand.

Ochterbeck, Burkhard (1988). *Dualer Entwurf eines Betriebsführungssystems für Umschlagbahnhöfe des kombinierten Verkehrs.* (Fortschritt-Berichte VDI Reihe 12 Verkehrstechnik, Fahrzeugtechnik Band 123). Düsseldorf: VDI-Verlag.

Petzolt, Stephan (2001). *Einführung der Balanced Scorecard als Performance-Meß-System für systemische Organisationsentwicklungsprozesse.* (Unternehmenskybernetik in der Praxis Band 4). Aachen: Shaker.

Pittermann, Peter (1998). *Erfolgspotentialerfassung: betriebswirtschaftliche Bewertung ganzheitlicher Veränderungsprozesse – dargestellt an Fallbeispielen aus dem Qualitätsmanagement.* (Aachener Reihe Mensch und Technik Band 27). Aachen: Verlag der Augustinus Buchhandlung.

Preuschoff, Eva (2003). *Effiziente Matrixstrukturen für technische Chemiedienstleister.* (Aachener Reihe Mensch und Technik Band 41). Aachen: Mainz.

Raue, Insa (2002). *Total Quality Management Regelkreise für ingenieurwissenschaftliche Pflichtlehrveranstaltungen an Hochschulen.* (Aachener Reihe Mensch und Technik Band 38). Aachen: Mainz.

Rick, Ursula (2012). *Agiles Informationsmanagement. Vorgehensmodell für die agile Entwicklung von Informations- und Kommunikationssystemen.* (Berichte aus der Informatik). Aachen: Shaker.

Sanders, Eva-Maria (2005). *Total Quality Management in kleinen und mittelständischen Unternehmen: der Beitrag des Konzepts „Partizipation & Empowerment".* (Aachener Reihe Mensch und Technik Band 54). Aachen: Mainz.

Scheve, Pierre (2005). *Entwicklung eines Risikomanagementsystems für Mikrounternehmen.* (Unternehmenskybernetik in der Praxis Band 12). Aachen: Shaker.

Simon, Arne (2001). *Ein informationstheoretisches Modell für Handlungsspielräume in Arbeitsprozessen.* (Aachener Reihe Mensch und Technik Band 36). Aachen: Mainz.

Stoffels, Beate (2000). *Regelkreismodell für die Software-Entwicklung von weltweiten, käufergesteuerten Auftragsabwicklungssystemen in der Automobil-*

industrie. (Fortschritt-Berichte VDI Reihe 10 Angewandte Informatik Band 650). Düsseldorf: VDI-Verlag.

Strina, Giuseppe (1996). *Anwendung von Prinzipien der Selbstähnlichkeit und Selbsterneuerung auf das Innovationsmanagement in kleinen und mittleren Produktionsbetrieben.* (Fortschritt-Berichte VDI Reihe 16 Technik und Wirtschaft Band 83). Düsseldorf: VDI-Verlag.

Tiltmann, Tom (2007). *Agile Entwicklung von CSCW-Anwendungen für regionale Bildungsnetzwerke.* (Aachener Reihe Mensch und Technik Band 58). Aachen: Mainz.

Trantow, Sven (2012). *Ein kybernetisches Modell für das Internationale Monitoring von F&E-Programmen im Bereich der Arbeitsforschung.* Norderstedt: Books on Demand.

Tummel, Christian (2015). *IT-Kooperationsplattform für speditionsübergreifende Direktverkehre von Lkw-Teilladungen.* Göttingen: Cuvillier.

Unger, Helga (1998). *Organisationales Lernen durch Teams. Methode und Umsetzung eines teambasierten Projektmanagements.* München: Hampp.

Valtinat, Tobias (2005). *Entwurf von Softwareanpassungsprojekten bei gescheiterter Inbetriebnahme.* (Fortschritt-Berichte VDI Reihe 10 Angewandte Informatik Band 760). Düsseldorf: VDI-Verlag.

Veldkamp, Gabriele (1996). *Zukunftsorientierte Gestaltung informationstechnologischer Netzwerke im Hinblick auf die Handlungsfähigkeit des Menschen.* (Aachener Reihe Mensch und Technik Band 15). Aachen: Verlag der Augustinus Buchhandlung.

Vossen, René (2012). *Ein Verfahren zur Ermittlung und Bewertung des Intellektuellen Kapitals von wissenschaftlichen Exzellenzclustern.* Norderstedt: Books on Demand.

Wankum, Johannes (1989). *Vom Studium zu den ersten Berufsjahren: eine Untersuchung des Studien- und Berufshandelns in den Ingenieurwissenschaften.* (Arbeitsbericht aus dem HDZ/KDI der RWTH Aachen Band 32). Aachen: Verlag der Augustinus Buchhandlung.

Weydandt, Dirk (2000). *Beteiligungsorientierte wirtschaftliche Bewertung von technischen Investitionen für prozeßorientierte Fertigungsinseln.* (Unternehmenskybernetik in der Praxis Band 2). Aachen: Shaker.

Wollenweber, Dirk (1996). *Ein systemischer Ansatz zur Gestaltung von innerbetrieblichen Transportketten.* (Fortschritt-Berichte VDI Reihe 13 Fördertechnik, Logistik Band 45). Düsseldorf: VDI-Verlag.

Wolters, Philipp (2014). *Kybernetisches Mess- und Bewertungsmodell der Unternehmens-IT in KMU des Maschinen- und Anlagenbau.* Frankfurt am Main: VDMA-Verlag.

Wunn, Christoph (1997). *TQM-Regelkreise in Kleinunternehmen der Werkzeug- und Schneidwarenindustrie.* (Fortschritt-Berichte VDI Reihe 16 Technik und Wirtschaft Band 94). Düsseldorf: VDI-Verlag.

Habilitationen

Savelsberg, Eva (2008). *Innovation in European freight transportation : basics, methodology and case studies for the European markets.* (RWTHedition). Berlin: Springer.

Strina, Giuseppe (2006). *Zur Messbarkeit nicht-quantitativer Größen im Rahmen unternehmenskybernetischer Prozesse.* RWTH Aachen University: Habilitationsschrift

Anhang 2: Abkürzungsverzeichnis

Systemmerkmale

OSTO	Offen – Sozial – Technisch – Oekonomisch
SS	Soziale Systemdimension
TS	Technische Systemdimension
OS	Oekonomische Systemdimension
EG	Existenzgrund
SG	Sinngrund
UG	Urgrund

Prozesssicht

AKP	Aufgaben-Kernprozess
SKP	Sozialer Kernprozess
IKP	Individueller Kernprozess
IP	Individueller Prozess
SBFB	Selbstbestägigungsfeedback

© Der/die Herausgeber bzw. der/die Autor(en), exklusiv lizenziert an Springer-Verlag
GmbH, DE, ein Teil von Springer Nature 2025
R. Henning, K. Henning, *Organisationen verstehen und managen*,
https://doi.org/10.1007/978-3-662-70927-6

Struktursicht

M	Mensch
T	Technik
O	Organisationsstruktur
A	Aufgaben
ES	Entscheidungssystem
IS	Informationssystem
BKS	Belohnungs- und Kontrollsystem
EES	Entwicklungs- und Erneuerungssystem

Sonstiges

NGO	Nichtregierungsorganisation
OP's	Operationssäle
KPI	Key performance indicators (Kenngrößen zur Steuerung der Effizienz und Leistung eines Unternehmens)

Literatur

Ashby, W. R. (1956). *An Introduction to Cybernetics*. New York: Wiley.

Bischoff, S.; Flachskampf, P.; Henning, K. (2011). *Gestaltungsansätze für ein systemisches Fakultätsmanagement. In: Jeschke, S.; Isenhardt, I.; Henning, K.; (Hrsg.), Automation, Communication and Cybernetics in Science and Engineering 2009/2010.*, *S. 27–40*. Berlin Heidelberg: Springer.

Elliot, J. (1951). *The Changing Culture of a Factory: A Study of Authority and Participation in an Industrial Setting*. London: Tavistock.

Galbraith, J. (1973). *Designing Complex Organizations*. Reading, Massachusetts, USA: Addison-Wesley Publishing Company.

Geipel, S. (2004). *OSTO SymA – Ein allgemeiner Überblick*. München: GRIN.

Gramatke, A. (2012). *Entwicklung und Einführung eines Projektmodells für kritische IT-Projekte, VDI Reihe 10, Nr 817*. Duesseldorf: VDI-Verlag.

Hanna, D., P. (1988). *Designing Organizations for High Performance*. Boston: Edison Wesley.

Henning, K. (1993). *Spuren im Chaos*. München: Olzog.

Henning, K. (2014). *Die Kunst der kleinen Lösung – Wie Menschen und Unternehmen die Komplexität meistern*. Hamburg: Murmann.

Henning, K. (2019). *Smart und Digital – Wie künstliche Intelligenz unser Leben verändert*. Berlin Heidelberg: Springer.

Henning, K. und Messerschmidt, C. (2009). *Supportprozesse global effizient managen: Das jährliche IT-Assessment der Knorr-Bremse AG. In: Henning, K.; Michulitz, C.; (Hrsg.) Unternehmenskybernetik 2020 – Betriebswirtschaftliche und technische Aspekte von Geschäftsprozessen, S. 163–168*. Berlin: Duncker&Humblot.

© Der/die Herausgeber bzw. der/die Autor(en), exklusiv lizenziert an Springer-Verlag GmbH, DE, ein Teil von Springer Nature 2025
R. Henning, K. Henning, *Organisationen verstehen und managen*,
https://doi.org/10.1007/978-3-662-70927-6

Henning, K.; Borowski, E. (2014). *Managementkybernetik und Umgang mit Unsicherheiten. In: Schu, G; Stich, V. Enterprise-Integration. S.45–62.* Berlin Heidelberg: Springer.

Henning, K.; Harendt, B. (1992). *(Hrsg) Methodik und Praxis der Komplexitätsbewältigung.* Berlin: Duncker&Humboldt.

Henning, K.; Hees F.; Hansen, A. (2011). *Dynaxibility for Innovation – Global trends in the field of "Working, Learning, Developing Skills. In: (Jeschke, S.; Isenhardt, I.; Henning, K.; (Hrsg.) S. 507–517.* Berlin: Springer.

Henning, K.; Henning, R. (1995). *Die Chaosfalle – in turbulenten Umwelten sysemisch führen. In: Controller Maganzin (Planung und Produktion) 3/1995, S. 18–22.* Freiburg: Haufe.

Henning, K.; Marks, S. (2000). *Kommunikations- und Organisationsentwicklung. 6. Auflage.* Aachen: Mainz.

Henning, K.; Michulitz, C.; (Hrsg.). (2009). *Unternehmenskybernetik 2020 -Betriebswirtschaftliche und technische Aspekte von Geschäftsprozessen.* Berlin: Duncker&Humblot.

Henning, K.; Oertel, R.; Isenhardt, I. (2003). *(Hrsg.) Wissen – Innovation – Netzwerke. Wege zur Zukunftsfähigkeit.* Berlin: Springer.

Henning, K.; Strina, G.; (Hrsg.). (2003). *Planspiele in der betrieblichen Anwendung (Unternehmenskybernetik in der Praxis, Band 6).* Aachen: Shaker.

Henning, R. (2009). *Change Management – Eine Herausforderung für das Management „im" und „am" System. In: Henning, K.; Michulitz, C.; (Hrsg.), Unternehmenskybernetik 2020, S. 189–193.* Berlin: Duncker&Humboldt.

Henning, R. (2015). *Die Egofalle 7 Möglichkeiten Ihr Geschäft zu ruinieren.* Hamburg: Murmann.

Henning, R., Strina, G. (2015). *Systemische Organisationsberatung. In: Deelmann, T., Ockel, D.M.: Handbuch der Unternehmensberatung, S. 3215–3331.* Berlin: Erich Schmidt Verlag.

Henning, R.; Henning, K. (2024). *Organisationen sind keine Maschinen.* Berlin: Springer .

Henning, R.; Isenhardt, I. (2003). *Systemisches Management SYMA: Die OSTO-Landkarte als Trainingsbasis für die Einführung von Changemanagement im Zeitraffer. In: Henning, K.; Strina, G.; (Hrsg.) Planspiele in der betrieblichen Anwendung (Unternehmenskybernetik in der Praxis, S. 217–229.* Aachen: Shaker.

Ihsen, S. (1999). *Zur Entwicklung einer neuen Qualitätskultur in ingenieurwissenschaftlichen Studiengängen: ein prozeßbegleitendes Interventionskonzept. (Fortschritt-Berichte VDI Reihe 16 Technik und Wirtschaft Band 112).* Düsseldorf: VDI-Verlag.

Isenhardt, I., Hees, F. (2005). *(Hrsg) Der Mensch in der Kommunikation mit der Technik.* Aachen: Mainz.

Jeschke, S.; Isenhardt, I.; Henning, K.; (Hrsg.). (2011). *Automation, Communication and Cybernetics in Science and Engineering 2009/2010.* Berlin Heidelberg: Springer.

Jeschke, S.; Isenhardt, I; Hees F.; Henning, K.; (Hrsg.). (2014). *Automation, Communication and Cybernetics in Science and Engineering 2013/2014.* Cham, Heidelberg: Springer.

Kutscha, S.; Henning, K. (2009). *Mission impossible – Erfolgsfaktoren im Projekt Toll Collect. In: Henning, K.; Michulitz, C.; (Hrsg.) Unternehmenskybernetik 2020 -Betriebswirtschaftliche und technische Aspekte von Geschäftsprozessen. S. 67–80.* Berlin: Duncker&Humblot.

Lewin, K. (1938). *The Conceptual Representation and the Measurement of Psychological Forces.* Durham, USA: Duke University Press.

Luft. J.; Ingham, H. (1955). *The Johari window, a graphic model of interpersonal awareness. In: Proceedings of the western training laboratory in group development.* Los Angeles: UCLA.

Luhmann, N. (1987). *Soziale Systeme – Grundriß einer allgemeinen Theorie.* Berlin: Suhrkamp.

Marks, S. (1991). *Gemeinsame Gestaltung von Technik und Organisation in soziotechnischen kybernetischen Systemen.* Düsseldorf: VDI.

Maturana, H. (1970). *Biology of Cognition – Biological Computer Laboratiry Research Report BCL 9.0.* Urbana IL; reprinted in: Autopoieses and Cognition: The Realization of the Living. Dorrecht: D. Reichel Publ.,1980, S. 5–58: University of Illinois.

Michulitz, C. (2005). *Kommunikationsprozessanalyse – ein interdisziplinärer Beitrag zur Analyse der Kommunikation in Organisationen. (Unternehmenskybernetik in der Praxis Band 11).* Aachen: Shaker.

Miller, E. (2000). *The Tavistock Institute Contribution to Job and Organizational Design.* Farnheim: Ashgate Publishing.

Münstermann, T. (2011). *Kulturgerechte Gestaltung von betrieblichen Veränderungsprojekten mit einem unternehmenskybernetischen Ansatz.* Norderstedt: Books on Demand GmbH.

Rieckmann, H. (1982). *Auf der grünen Wiese. Organisationsentwicklung einer Werksneugründung und Offene-System-Planung.* Bern: Haupt.

Rieckmann, H. (1997). *Managen und Führen am Rande des 3. Jahrtausends – Praktisches, Theoretisches, Bedenkliches, 4. Auflage 2007.* Lausanne: Peter Lang.

Rieckmann, H.; Weissengruber, P. (1990). *Managing the Unmanageable? Oder … lassen sich komplexe Systeme überhaupt noch steuern? Offenes Systemmanagement mit dem OSTO-System-Ansatz. In: Kraus, H.; Kailer, N.; Sandner. K. (Hrsg.): Management Development im Wandel, S. 27–96.* Wien: Manz.

Schmidt, L.; Schlick, C.M.; Grosche J. (Hrsg.). (2008). *Ergnomie und Mensch-Maschine-Systeme.* Berlin Heidelberg: Springer.

Schmidt, S. J. (2004). *Unternehmenskultur -Die Grundlage für den wirtschaftlichen Erfolg von Unternehmen.* Weilerswist: Velbrück Wissenschaft.

Schmitt, R.; Münstermann, T.; Henning, K.; Ottong, A. (2011). *Kulturveränderung oder kulturbasierte Veränderung? Eine strategische Entscheidung. In: (Jeschke, S.; Isenhardt, I.; Henning, K.; (Hrsg.), 2011), S. 183–194.* Berlin: Springer.

Sennet, R. (1998). *Der flexible Mensch – Die Kultur des neuen Kapitalismus.* Berlin: Berlin-Verlag.

Taylor, F., W. (1919). *The Principles of Scientific Management.* New York und London: Harper&Brothers Publisher.

Trantow, S.; Hansen, A.; Richert, A.; Jeschke, J. (2013). *Emergence of Innovation – Eleven Strategies to Increase Innovative Capability. In: (Jeschke, S.; Isenhardt, I; Hees F.; Henning, K.; (Hrsg.), 2013) S. 161–189.* Berlin: Springer.

Tuckman, B. W. (1965). *Developmental sequence in small groups. In: Psychological Bulletin. 63, S. 384–399.* Washington: American Psychological Association.

Vester, F. (1984). *Neuland des Denkens – Vom technokratischen zum kybernetischen Zeitalter.* München: dtv.

Wiener, N. (1948). *Cybernetics – od Control and Communication in the Animal and the Machine.* Cambridge, Massachusetts, 2. Edition 1961: M.I.T. Press.

The manufacturer's authorised representative in the EU is Springer
Nature Customer Service Centre GmbH, Europaplatz 3, 69115 Heidelberg,
Germany. If you have any concerns regarding our products, please
contact ProductSafety@springernature.com

Printed and bound by CPI Group (UK) Ltd, Croydon, CR0 4YY

28/04/2026

02098516-0007